I0048640

The Sage's Scroll: Insights from a Stock Market Veteran

—Value Investing Unveiled: Lessons & Tactics, Conquering the AI Frontier

一個股市老兵的筆記

——價值投資實踐與總結，致勝 AI 時代

龍稱——著

Billson International Ltd.

Published by
Billson International Ltd
17 Old Gloucester Street
London
WC1N 3AX
Tel:(852)95619525

Website:www.billson.cn
E-mail address:cs@billson.cn

First published 2025

Produced by Billson International Ltd
CDPF/01

ISBN 978-1-80377-169-4

Hebei Zhongban Culture Development Co.,Ltd
Wanda Office Building B, 215 Jianhua South Street, Yuhua District, Shijiazhuang City, Hebei province, 2207

[筆者简介]

龍稱

本名黃書耀。生於福建，年幼時移居香港。高中時開始涉獵投資，至今凡二十年有餘。曾於香港《信報》工作，與曹仁超先生結下忘年之交，有師徒之情。

從 17 歲開始接觸投資，由外匯到投資，最後發展成個人興趣並視以為終身事業。曾任職於瑞士銀行（UBS）和美銀美林，負責發行、推廣上市衍生工具產品。2012 年以價值投資為核心理念管理基金產品，投資於香港及環球股票市場。期間成果日顯，穩健中求進，著眼長期穩健的投資收益。

財富不是人生的最終目的，而是世間的一個工具，賺錢能看到一個人的能力及運氣，花錢卻是心量境界。在每一個當下積極努力，日復一日地認真實踐，財富增長、心想事成是必然的結果，也是帶給身邊人光明和快樂的其中一個途徑。

股市老兵　活著就好

　　2020-2023 年，港股經歷了長達 4 年的反復下跌，種種原因疊加，導致這一輪長期熊市。原因包括美國加息導致金融市場結構的改變；中國經濟自改革開放以來經歷長達 40 年以上的增長後，與美國博弈的結果是資金重新審視中國資產，很多外資在此期間離開了香港；三年多的疫情洗禮，更重要的是內房泡沫爆破，經濟復蘇十分緩慢，投資、消費都明顯放緩。

　　作為投資者，看著這幾年股市萎靡不振、每況愈下，身處其中絕不好受，身邊很多朋友遭受近乎滅頂之災。以往賴以爭取超額回報的中小型成長股票再難有爆發力，而估值高昂的板塊很多呈現股災式走勢，知識型股票無險可守（科技股及生物科技板塊），猶如踏入無底深潭，腰斬者不在少數，不少由高位回落超過八九成。行家們扭盡六壬，倉位分散、設定更精準的止賺止蝕標準、對沖沽空，最終也只能輸少當贏。

有很多朋友因為種種理由離開了市場。離開容易，但會失去專注，失去市場觸覺，當市場反轉時重新入場就會比較難。最理想當然是在牛市賺盡升幅，熊市又不用捱打，盡情享受人生，明顯大部分距離這個理想狀態很遠，現實是殘酷的。

股市是個英雄地，在大市氣氛活躍時，好好跟著風口轉，也不難賺錢。但當退潮時，才能見真功夫。永遠不要認為自己是那個英雄，因為個人太渺小了，二百年來，資本市場中真正算得上投資大師的，廖廖無幾。時刻提醒自己，我們唯一知道的就是什麼也不知道。

投資，要有穩定的長期收益，講究的是我們能否真正把握企業。把握企業真正價值，並以合適的價格買入及持有。

我們經常以戰場比喻投資，在股市裡要不斷提升求生意志和本事。要真正做到認識自己，也要認識市場。在股市久了，有一種體會，就是要邊學投資邊學做人！一方面要理解市場的喜好，估值方法（審美觀）的變化，以至各種工具的優劣，趨吉避凶，在控制住風險下盡量爭取回報。

另一方面要保持謙卑，提升情商，懂得安排事情優先次序，有應對策略之餘，還要有強大的執行力。一時失手，甚至被千夫所指，大發雷霆情緒發洩，根本於事無補，可以反思本身的不足，嘗試改善然後用回報去回應。股市中待久了，人的意志力多少會培養出來一些，慢慢地對人生目標也會變得清晰，漸漸習慣了不作無意義的交流、對待。強大的意志力、心力，處驚濤駭浪而悠然自得，這或許就是大宗師的型態。

投資又像跑馬拉松，在某一段路放出不代表我們就是冠軍，這條路走下來，看過明星、當過明星，也都趨向黯淡，最後情願以老兵自居，活著就好，沒有什麼特別榮耀的。

投資是一場長期的修行

作為一個長期致力於投資研究的人，我每天早上四五點起床，全身心投入研究工作中。坦白說，這份動力源自於個人濃厚的興趣。如果你真正熱愛這個行業，並且希望在投資市場上實現"滾雪球"效應，那我們需要做好迎接種種挑戰的準備。

在投資中，很多人會聽到一些"老生常談"的詞，比如要堅持和目標清晰，這些確實是必不可少的條件。如果只有三分鐘熱度，那很難在投資領域有所成就。投資市場是一個需要長時間積累的領域，而這個過程往往是辛苦且漫長的。但成長本身就是一份正反饋，無與倫比的成長體驗使人快樂。

對在下來說，最重要的幾點包括保持謙卑的心態以及不斷重複論證的能力。在投資研究的過程中，我們常常會遇到挫折，但不要把挫折看作失敗，而是要把它視為成長的營養。每一次挫折都是一次寶貴的學習機會。

投資研究中最大的難點之一，就是我們常常會自視過高。當我們讀完一份公司年報，或參加了一些分析員會議時，可能會認為自己已經理解了公司的一切。然而，和那些真正的企業家相比（如我們敬佩的康方生物的夏瑜博士，拼多多的黃崢先生，或者騰訊的馬化騰先生），他們掌握的資訊和認知遠遠超過我們。正因如此，我們必須時刻保持謙卑，不斷反思自己的判斷是否準確。而非堅定認為自己在某個階段的認知是絕對正確的。

在投資過程中，可以時刻假設自己並非完全正確。這種謙卑的態度會為日後留出更多的成長空間，也會讓我們在面對複雜的市場時，做出更加理性的判斷和決策。

最後，感恩的心態頗為重要。無論是投資成功還是暫時的失敗，我們都可以懷著感恩的心去面對。賺到錢時，歸功於運氣，歸功於市場給予的機會。而當虧損時，應該責備自己，反思自己是否不夠努力，或是過於自負。始終相信，保持感恩的心態，正視自己的不足，長期來看，成功一定會屬於那些願意不斷學習和進步的人。

　　本書從多個角度分享個人成長與總結與投資相關的經驗，以價值投資理念為基礎，論述企業研究的體會，也會談談決策的關鍵和組合管理的心得，等等。投資是一場長期的修行，需要耐心、謙卑和持續的努力。希望通過這本書，能為大家在投資的道路上提供一些啟發和鼓勵。

CONTENTS
〈目〉〈录〉

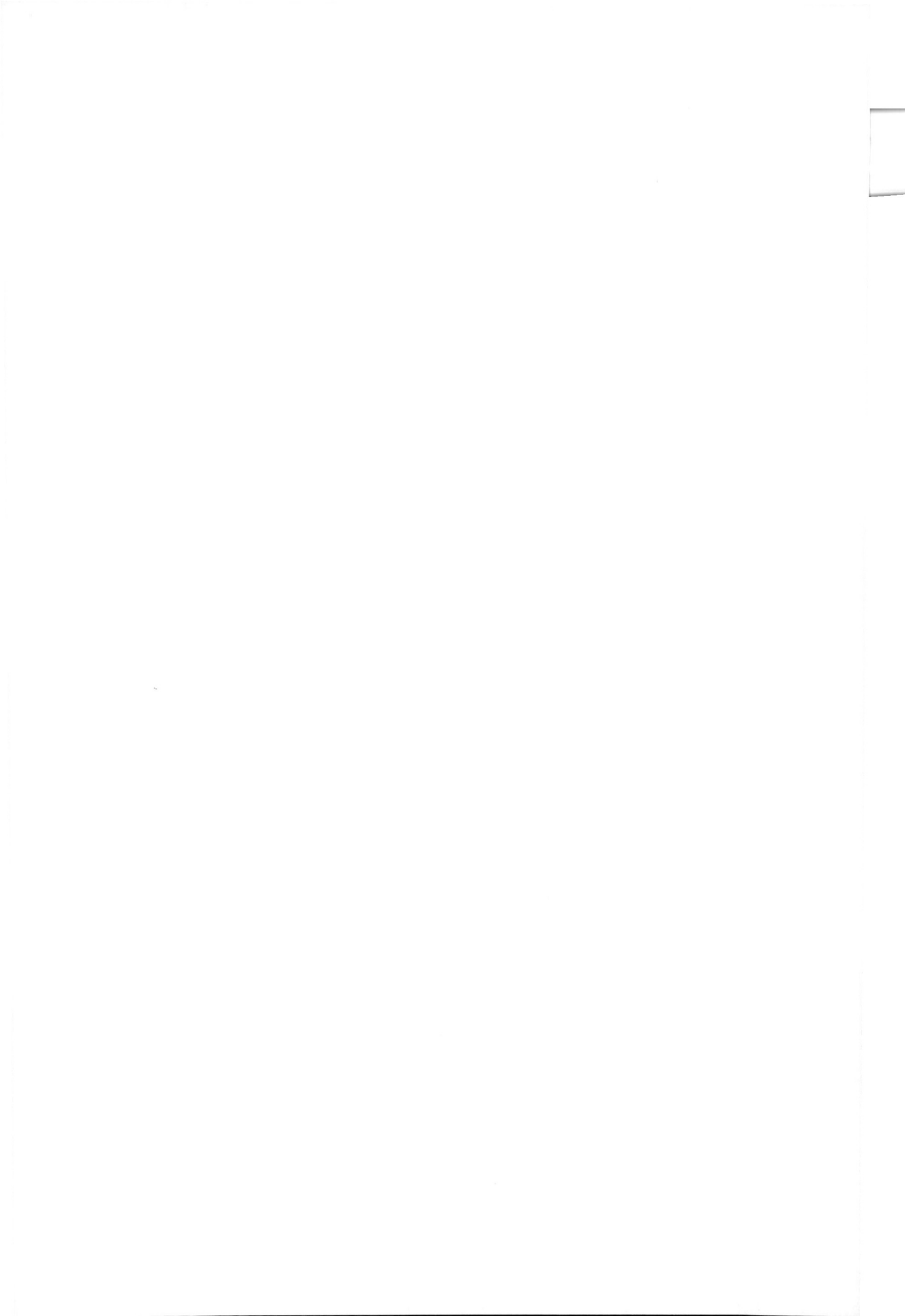

第一章
經營環境挑戰多，七大原則選優秀企業

在港股投資不經不覺也有差不多 30 年了，近幾年港股愈加反復，低迷那幾年，投資市場並不平靜，我們致力提升分析、決策水平的同時保持一定的安全邊際及持貨能力，並且相信動盪時局終將過去，只有身處其中才能享受成果。

巴菲特自言，其投資成績優秀離不開美國國運，如果這值得借鑑的話，一個地區的經濟發展及穩定對投資是至關重要的。過往中國經濟飛升階段（1990-2015）投資相對容易，找到一些收入及盈利上升的公司，即使公司偶而犯錯，在大趨勢下公司仍然持續進步，股價大概率會上漲。

時至今日，企業的經營環境受到更多限制，例如去全球化令產品尋找新市場舉步維艱；過剩的產能及收縮的消費市場又令行業出現可怕的過度槓桿（大搶特搶）；還有飆升的利率破壞了資產負債表的健康，更多財務資源用於應付利息開支而不是發展，對中小企業幾乎是致命的打擊。當然，也包括國內外政策的變化所帶來的經營不確定性。

只有最優秀（與時並進）的商業模式、企業管理層及高效的管理才能令業務得以發展。即便如此，股價還是會受到宏觀局勢、利率、國與國的糾紛、政策等影響。

人一生中都不斷在作抉擇，投資亦復如此，而抉擇很大程度上取決於我們的生活經歷，尤其是成年後的早期經歷。如果一個人是在通脹率很高的經濟環境中長大的，他在往後的投資生涯中會把更少的錢投入債券，而當一個人是在股市繁榮的環境中長大，那麼他在往後會把更多的錢投入股票。前債券大王 Bill Gross 曾經坦承，如果他早出生十年或晚出生十年，他可能就不會如此成功。他的投資生涯剛好趕上利率大跌的時代，這使得債券價格飛升，債券就等於財富的印鈔機。這是其一。

其二，我們的決策又會很為當前所接收到的資訊及對情緒衝擊最大的那部分所左右，而這些並不真正影響結果。例如，戰爭可怕，但與公司業務不一定直接相關。利息上升，有些商業模式則會產生更大的利潤，但股價只對線性（情緒主導）決策者作出反應。

我們永遠無法控制大環境的變化，只能做好自身工作，做好研究，找好公司及好管理層，同時在估值上做好把關，提高“安全邊際”，從而讓我們承受一系列可能的結果，一旦擁有這種承受力，就可以花足夠的時間等待，從而提高低概率的回報發生在我們身上的機會。在牛市回來的時候，我們一定要在市場！

在不確定熊市何時結束的日子，為了穩中求勝，我們基於數個重要環節來把關我們研究的股票。

第一，在上述經營環境壓制下，是否仍有良好的商業模式存在？

第二，公司管理層能否不斷自我突破，從商業模式探索，到企業效益提升；

第三，公司是否擁有健康的資產負債表，最好不要負債；

第四，企業有沒有穩定的現金流；

第五，派息比率不要太高，股息率最好在8厘以上；

第六，公司可見的將來，例如未來3年，仍有合理的利潤增長，10%是合理要求，如果能達到15%那是驚喜的結果；

第七，估值要低一些，更低一些。例如市值比現金價值過低，2 倍市盈率，0.1 倍市賬率。

以上條件看似過份，但過去幾年真的大量出現。要找到這些公司當然並不容易，但這正是我們努力研究的目標和方向。

贏者通吃，尋找未來的龍頭企業

股票投資其實就是挑選能夠長時間在各種競爭環境中跑出來的企業，2000 年後，隨著互聯網時代的來臨，在新技術帶動下，新的商業模式如雨後春筍般湧現。傳統行業被取代之餘，互聯網時代國與國之間的界線變得模糊，物理上的市場邊界幾近消失。大魚吃小魚，強者恒強，經過 20 年的發展，Winner takes all（贏者通吃）的局面在多個市場出現。

在美國，美股愈益由俗稱 FAANG 的五大科技巨擘及其他擁有市佔率和定價能力的大型科企所主導。2023 年，7 隻重磅科技股——蘋果公司、微軟、Alphabet、亞馬遜、特斯拉（Tesla）、Meta 及輝達（Nvidia）合共已佔標指約 27% 比重，這些股份相對其他企業，表現相對堅挺，究其原因，是其生意模式或技術領先，在互聯網時代一統天下，執世界市場之牛耳，有的根本就處於無法撼動的壟斷地位，日積月累下，資產負債表強到富可敵國的地步。因此即便是大環境不理想，也無法阻止其盈利增長勢頭。

在香港，愈來愈多投資者認為從股票賺錢愈來愈難，以往最易賺錢的中小型股票似逐步被市場遺棄。

最近十年，香港股市市場取態也在改變。2015 年上半年，港股經歷只維持數個月的"大時代"，如以往大牛市般雞犬皆升；2017 年，恒生指數升 38%，但雞犬皆升不再，強勢只集中在大中型股票。2019 年，恒生指數漲 11%，升勢卻集中在某些行業的股票上；2020 年至今成交金額愈來愈多集中在恒指成份股。2020 年至 2023 年，恒指連挫四年，但中特估企業表現極度優秀，猶如港股僅存的一片綠洲。

要認清這個事實不會輕易改變。日後投資聚焦在預期未來數年、十年甚至更長時間有高增長賽道的領先龍頭企業上，這些股票股價大都能逆市創新高，但整個股市市寬卻可能愈來愈窄，意味著股價上升股票的數目愈來愈少。

美股"偉大七雄"（即蘋果、微軟、谷歌、Meta、輝達、亞馬遜和特斯拉）背後的投資主題，自然是熱門的人工智能（AI）。這也的確是未來的重大趨勢，自 2022 年底起，個人十分重視這個趨勢的形成及發展。

與互聯網產業相比，投入、產出規模更大，影響更深遠的，人類最新一次科技革命——人工智能（AI）已經到來，這是人類的又一次生產力革命，涉及數十萬億美元投資與經濟規模，它不僅事關大國的戰略與全域生存，對投資者而言，它將決定我們財富的未來命運，如果說未來有東西能夠改變我們人生的話，一定會有 AI，失去 AI 大概率會失去財富的未來。

2023 年是 AI 元年。這一年開始，眾多的技術發展與突破，OpenAI 的 ChatGPT 先發於年初，帶動了其主要投資方微軟備受關注，股價屢創新高；接近年底，GOOGLE 發佈了 Gemini，告訴全世界他們有可能爭雄 AI 世界，格局愈來愈清晰，這些巨企值得持續的關注。此外，算力也是 AI 發展組成的關鍵部分，輝達在這一年爆漲超過 200%，其技術支援著每個需要算力的公司，未來，硬體發展估計會更加多參與者，市場訴求根本停不下來。到了 2024 年 10 月，輝達市值已超越 3.5 億美元，雄霸世界只是時間問題。

未來是投資的關鍵，但未來充滿變數，要分清哪些變化是趨勢，哪些是過眼雲煙／噪音。人類未來是由科技帶動，或者說科技是生產第一要素。科技可以不斷創造新未來，這也是近年美股遠較港股出色的其中一個原因。這一方向近年來愈來愈受我們重視。

我們要勤奮做功課留意各行各業發展，才能把握投資方向，但就算我們知道趨勢發展，也要考慮價格，熊市時出手總會比牛市便宜，牛市時則要特別準備策略應對轉勢。分清市況決定出手的多少，是成功投資投機的關鍵，分配投資投機的比率與目標項目又是重點。

美企回購支撐美股長期牛市

標普道瓊斯指數公司初步數據顯示，標指成份企業 2024 年預料至少回購 8400 億美元股份。相比之下，截至 2023 年 9 月底，12 個月的時間，美企回購股份規模僅 7870 億美元，2022 年全年則達破紀錄的 9230 億美元。

雖然股市的前景並非完全依賴企業回購股份，但每年接近 1 萬億美元的回購金額，仍是美股的一大購買力。企業回購增長主要來自所謂的 "科企七雄" （Magnificent Seven），當中又以蘋果公司為主力中的主力。

每年業績高峰期中，有關派息或回購計劃的消息往往是市場焦點，有派息或宣佈回購的企業，股價遠比沒有的堅挺。那麼，回購及派息又有何優劣之別呢？其實兩者都是回報股東的方法之一，其作用皆顯示出管理層對公司資金流及盈利前景穩定的一種利好訊號和手段。至於兩者之間的優劣，市場上則各有擁戴。

　　20 世紀 90 年代以前，派發現金股息可說是上市公司最慣常回饋股東的方法，近 20 年間，股份回購（特別是美股）變得更為普遍，其中一個主要原因是支持者認為，股份回購在稅收效率方面對投資者更有彈性，避免因派息而產生即時的股息稅項（dividend tax），而僅會在當投資者決定變賣股票並真正產生利潤時，才需繳付資本利得稅（capital gain tax）。

　　因此，在稅務考慮方面，股份回購可說是有較明顯優勢（對香港股市及本地投資者來說，除部分國企會收取 10% 股息稅外，大部分皆沒有股息稅及資本利得稅，選擇股份回購或派發股息在這方面分別不大）。

　　此外，股份回購（上市公司既可選擇在公開市場購買股票，或向現有股東提出以固定溢價收購股票）的支持者認為，這種方式更能顯示出管理層認為其現時股價被市場低估，更具指導市場的作用（部分投資者視回購價為中短期參考的支持位）。同時，由於回購令股票的整體發行量減少，意味著其每股盈利（EPS）及回報（ROE）將會因此而上升，並令估值顯得更便宜。

然而，不支持者則認為每股盈利其實只是被人為地抬高，其最終盈利實際上是不變的，股份回購純屬短期利好股價的財技之一，最終受益者僅可能是那些短線投機者或其花紅與每股盈利掛鈎的管理層。但事實是，自 2008 年以來，由於企業融資成本低，不少美國企業甚至借平錢作回購之用，的確能抬升股價，把美股牛市硬生生的延續超過十幾年。

踏入 2024 年 9 月，中國政府出台扶持資本市場政策，當中就包括鼓勵企業進行股份回購，但願政策落地理想，也為港股、A 股市帶來新氣象。

中國經濟結構轉變下的投資方向

中國經濟的結構性調整，由側重及過度依賴房地產，到提出新質生產力方向，過程中經濟難免呈現出陣痛現象，資產價格下滑、消費疲弱令市場情緒相對悲觀，投資者容易忽視優秀企業的積極變化。我們側重發掘在經濟結構轉型中仍能保持穩定收入的生意模式及企業，同時擺脫對舊有速佳的依賴、及掘新的增長動能的企業，也值得深入研究。前者可能包括白酒、有實力的工業企業，後者則包括商業模式突破的零售企業及掌握核心技術發展的科技企業。

過去數年，中國經濟進入了新週期，表面看似乎在艱苦地擺脫過去殘存問題的桎梏，但同時積極的變化也正在發生。優秀的企業通過創新，不斷挖掘新的增長動能；在高端製造領域，中國企業的全球競爭力持續加強；在一些傳統行業，供需格局亦展現有利的轉變。

在每一輪經濟週期，股票市場領導者往往出現變化。我們希望擺脫"路徑依賴"，深入挖掘發生正面變化領域的投資良機。結構性的分化一般會持續頗久的時間，且一旦趨勢形成，新的龍頭企業在長時間佔盡優勢，這為能敏銳應對格局變化和主動選股的投資者帶來可觀的潛在回報。

例如，線上招聘、線上音樂等付費滲透率較低的領域，領導企業通過技術創新實現快速增長；在與服務和體驗相關的消費領域（如酒店和購物中心），龍頭企業受惠於市場擴張與集中度提升的雙重驅動；部分企業通過提升客戶體驗感及集中 VIP 會員管理而有長足發展。另外，電動化的變革不僅推動汽車行業，也帶動中國企業在工程機械、鏟車和園林設備等領域快速提升競爭力。這些結構性趨勢有望在未來 3 至 5 年持續，值得密切關注。

過去 10-15 年間，不少傳統行業經歷了漫長的下行週期，隨著供給持續收縮，供需的再平衡已經在一些領域逐漸浮現。當需求恢復，呈現供給樽頸，相關企業將重獲議價權，有望進入為期數年的利潤上行週期。航運業中的造船、海上油田服務、飛機租賃及工業金屬（銅／鋁）等領域，都正進入有利的供需格局。中國的鐵路裝備、特高壓電網、核電等領域的增長，也有望在往後數年加速。

互聯網企業的業務增長值得關注，以騰訊為例，在堅實的社交平台所構建的護城河下，公司持續在包括 AI 的技術創新、金融、遊戲取得進步，其業務佈局令公司持續增長的確定性愈來愈高。

中特估是一種信仰

2022 年底，中國證監會提出 "中特估" 這個說法時，"國企股的估值偏低，需要被重估" 是市場的理解，緊接著，多隻標杆式的國企如中海油、中移動、中國神華等錄得可觀升幅，今天，這個群組的股票已成為很多投資組合中不可或缺的一部分。

2024 年 4 月出台的新 "國九條"，其中提到上市公司的監管，內銀板塊馬上引起注意，他們是最賺錢的國企板塊，但市盈率只得低單位數，市賬率普遍還低於 1，派息比率只有三成，而且一年只派一次息，基本上完全不符合新"國九條"的要求。

條文是這樣寫的："強化上市公司現金分紅監管。對多年未分紅或分紅比例偏低的公司，限制大股東減持、實施風險警示。加大對分紅優質公司的激勵力度，多措並舉推動提高股息率。增強分紅穩定性、持續性和可預期性，推動一年多次分紅、預分紅、春節前分紅。推動上市公司提升投資價值。制定上市公司市值管理指引。研究將上市公司市值管理納入企業內外部考核評價體系。引導上市公司回購股份後依法註銷。鼓勵上市公司聚焦主業，綜合運用並購重組、股權激勵等方式提高發展品質。依法從嚴打擊以市值管理為名的操縱市場、內幕交易等違法違規行為。"

相信這是一個長遠的國策，也是共同富裕下的其中一個構思及動力，如果這些賺錢超多的公司願意增加派息，令投資者或小股東可以得益，直接可以刺激消費，間接也可以完善內地資本市場的制度，其實是一舉兩得的。

略談高息股策略

　　高息股策略、中特估等投資理念自 2022 年底以來在港股大行其道，成效遠優於指數表現，隨著估值下降，這策略在港股應用有事半功倍之效。

　　股票投資的回報包括股息率、盈利增長及市盈率變化。其中市盈率反映投資者對企業未來盈利能力的預期，願意為股票每 1 美元收益付出多少，有情緒及主觀判斷部分，預期愈高，估值愈高，風險在於一旦企業盈利不達預期，股價會因殺估值而大跌。

　　盈利反映企業銷售額及利潤率。企業提高效率或能讓毛利率提升是理想狀況，理論上，高超的管理水準及科技進步能提高毛利率，但當經濟面對逆風，銷售可能會萎縮，採取價格競爭是其中多數企業的選擇，而毛利率則大概率會受壓，這時股價會因殺盈利而下跌。因此高息股策略要關注企業的收入及盈利穩定性，不求高速成長，但求穩定及堅韌性。

　　當企業錄得收入或毛利增長，盈利就會上升。如果上市公司大規模回購股票，公眾持有的股票數量就會減少，無論企業是否錄得潛在利潤增長，每股盈利都會增加。因此，回購對每股盈利提升有實質幫助。不過，要注意企業可以一面回購股票，另一面發行新股票，以股票方式發放員工紅利。所以股權激勵與回購的淨值才是我們要關心的。有時企業也會發行可換股債券（CB），也可能導致同樣攤薄效果。

企業派股息是公司賺錢的證明，也是回饋股東最實質的舉措。集中於股息，押注於有能力及傾向增派股息的企業，這是做好資產管理的關鍵，還可獲得實質及可花費的回報。此外，業務良好的企業自由現金流源源不絕，對向股東派股息擁有全權控制，我們也無需花費太多心思在市盈率何時及怎樣上升（當然也不用擔心其下跌了）。

市盈率是我們最不能控制及最不可知的一環，因此最好不要成為我們的焦點所在。持股的企業（例如近年的 AI 概念股）市盈率節節上升，心想日後的回報不斷累積，實在令人興奮。可是市盈率高只說明市場看好該公司的未來盈利增長，目前的一切只屬浮雲，隨時煙消雲散。股息的重要性在於這是投資者能控制及熟悉的一環。

當今世界局面風起雲湧，波譎雲詭，彷彿危機處處，但通脹壓力也十分巨大，我們不可能因為擔心黑天鵝而放棄投資。無法預知危機實際是怎樣的，包括無法準確預示戰爭爆發及其規模，雖然知道政府債務危機存在，但也無法預知出現時間；還有就是 AI 發展泡沫化及其爆破。

無法預測但日子還是要過，我們試圖將問題重新定義，那就是我們如何能夠從危機初期到結束期間獲取最大購買力。

在分析當前形勢時，首先要知道風險所在。政府債務過多、貨幣政策扭曲，以及地緣政局不明朗不是什麼秘密，也不是什麼新鮮事。更重要的是，這些憂慮過去數年出現不同演化，未來也可能以有別於現時所知所想的模式出現。

30 多年過去，美國政府債務從 1 萬億美元，如今已膨脹至 35 萬億美元（2024 年第四季度）。2008 年金融海嘯爆發時，公共債務佔國內生產總值（GDP）比率為 62%，如今已翻倍至 120%。金融海嘯前，聯儲局資產負債表規模為 6000 億美元，如今已擴大至 7.5 萬億美元。回顧 20 世紀六十和七十年代，美國大部分時間陷於與蘇聯的冷戰，如今俄烏戰爭和以巴衝突均令人憂慮。

可以看到，所有這些新問題都包含舊有元素。從過去到現在，我們都面對過多的政府債務、幹預市場的央行，以及危險的地緣政局。舊有的憂慮發展成新的模樣，產生新的問題。

可以肯定的是，多年來財政和貨幣穩定性持續惡化，並將進一步加劇，但同時企業盈利和 GDP 繼續增長，高風險資產小血生具吸引力的回報。人們一不小心就可能忽視各種憂慮，一部分由於我們已習慣於決策者和央行官員把問題拖延，另一部分則是由於太多末日論者作出不準確的預測。

投資者各有不同的財政目標、現金流需要、時間表，以及各自生活和狀況需要量身訂造的解決方案。雖然人最終將走向死亡，但在那之前我們都需要生活，需要照顧家庭。換言之，我們在等待長遠無可避免發生的事情時，不應忽視短期和中期變化。

這些風險聯合起來或者分開來看，歷時已有數十年，經過時間驗證並可達到實際財政目標的投資方案有沒有？答案在於有增長動力且持續穩定派息的企業身上，這是一套攻守兼備的方法。

從數學上來看，若投資者希望取得 10% 的年回報，可以是 5 厘股息收入加 5% 股價增長，或者 1 厘股息收入加 9% 股價增長。同樣是尋求 10% 回報，一半回報來自股息的策略和只有 1 厘至 2 厘回報來自股息的策略，兩者的波動性截然不同。簡單而言，價格波動對於把握價格波動趨勢的要求高得多。

高息股的投機性低於增長股，意味估值泡沫較少，其投資策略回報的可預測性和重複性，較單純依靠對盈利增長的把握，還有就是分析企業商業模式的穩定性。同時，一家以愈來愈高的比率與股東分享自由現金流的企業，所受到估值波動影響較低。高成長股價格升幅可能更大，但相對股息率只有 0 厘至 2 厘，相反，股息率 4 厘至 5 厘的公司，股價升幅要求則較低，也能取得 8%-10% 的回報。

一家可以派發具吸引力的股息，並且能夠長年累月地增加派息的公司，其增長高峰期可能已經過去，但這些公司的規模、品牌、市場地位已達到優越水準，市場競爭亦趨於穩定。換言之，能夠派息並且股息持續增長，證明這是一家強勁的公司，同時代表這是不錯的投資目標。

能夠可靠地增加現金流，並實現持續派息增長的公司需要哪些特質？其中之一是提供持續有需求的商品或服務。換句話說，一家生產少女服裝的公司最好不要派息，因為少女的口味明年就可能改變；相反，一家生產廁紙、尿布、洗潔精、汽水、瓶裝水，或者以上所有消費必需品的公司，其營運模式更具防守性。可以預期，在週期的特定階段，少女服裝公司可能較消費必需品公司更賺錢，但後者在良好的管理下可帶來數十年的股息增長，前者卻可能在新學年開始時就要申請破產保護。

市場上有許多公司，所提供的商品和服務較不受潮流和口味改

[illegible]的十項。在公用、保健護理、能源、金融顧問、基本科技硬體和基建、房地產和許多其他行業，均能找到擁市場領導地位、具盈利能力和穩定業績的公司，它們可以靠這些特質自然而然地產生可靠的現金流。

在股市萎靡不振的環境下，這是良好的股息增長投資策略可帶來的防守優勢。

順勢而為的幾個層面

順勢而為順的是一個比較長期的趨勢。很多人都只是看到一個標題，就認為自己知道某個趨勢或未來的方向了，但事實不一定是這樣，還是需要通過反復論證、思考、判斷這樣的趨勢是否真的會出現。

總體而言，趨勢有幾個層面，首先，國家層面的趨勢。比如現在中國的人口結構出現了變化，會更大地依賴人工智能的發展去替代人口紅利，這個趨勢、大方向是不是正確，我們可以去思考。

其次，行業方面的趨勢。比如共同致富的國策之下，各行各業針對性的政策，如教育不能暴利，內房不能過度的使用社會資源、放大槓桿，平臺也不能無序地擴充、資金氾濫，等等。針對這些要有一定的認知能力。

另外，行業裡面競爭格局的發展趨勢。比如房地產板塊，在原來沒有政策壓力、在原來市場經濟的競爭格局下，我們認知的是集中化發展，越是龍頭企業越有優勢，需要去判斷後續能怎麼演繹。像融創、萬科、龍湖、華潤置地這些優秀的企業，為什麼能跑出來，他們的優秀在哪裏？在這個行業的競爭格局裡最終會展現到怎樣的程度？我們原來對內房股的認知是在這個層面上的。現在來看政策壓力肯定大於內部格局的發展。

再例如，人工智能板塊的發展，從上游的芯片設計、生產，到算法競爭，都 AGI 的全面實現，格局及趨勢是相當明顯的。簡而言之，就是強者恒強，領先者成為龍頭。

最後，還有個別企業的發展趨勢。實際上趨勢的判斷不只是單一的維度，而是多層次的理解。個別公司哪怕整個政策、行業都不好，行業也出現紅海競爭，但偏偏在這種時候有一些行業的個別企業也能有非常優秀的表現。雖然很難但也有這種顛覆者的存在。過去十年，即使電商的競爭非常激烈，但總有更強的顛覆者出現，先有拼多多的平價策略，後有字節跳動的直播電商，可以說將傳統電商打得無還手之力。

當然任何商業模式的顛覆或者科技的顛覆必須在政府允許的經營範圍內，就是政策和政策因素。撇開這個不講，我們理解的有一些科技創新、或模式創新、或架構創新、或組織創新的公司，它們是非常具備顛覆性的。面對這種顛覆性公司的存在，需要去摸底。

這個層面上的理解是最難的。因為他不是說我引導你往哪一個方向去發明什麼，給你資金、給你政策這麼簡單，而是怎樣處在一個門外漢的位置去理解一個企業內部的各種競爭優勢的醞釀跟發酵，去預測它還沒呈現出來的效果，去判斷它能不能成長為一個偉大優秀的企業。

總結而言，在分析趨勢的時候，在某一個趨勢層面上的否定，並不代表我們就不應該去持有某一個企業或者某一個行業的股票。我們存在的意義就是不斷地提升我們的認知能力和能力圈，從國家、政策、行業層面到個別企業的趨勢發展。

深入市場 理解市場 敬畏市場

股市如潮水般起伏不定，很可能剛剛創新高，隨後便急轉直下。市場因素錯綜複雜，仿佛每件事都影響著股價。有時候對手如猛虎般咄咄逼人，有時又情緒化得像風中柳絮，給你可趁之機。這就是市場先生。然而，投資應該堅守有效的原則與標準，不被市場情緒牽著走。機會來時果斷出擊，沒有機會就靜待良機，簡單明瞭。

說起理念來很簡單，實際操作要難一些。把身心抽離出來，不要過度置身其中，或許就能做得好一點兒。

投資者常常會被市場波動影響，但短炒有一個缺點，就是不知道什麼時候是頂。買了後升了兩天很好，但沽又怕賺少了，拿著又不知道什麼時候是個頂，很容易做錯決定。市場並不用打敗你，市場只要讓你自己打敗自己。

面對情緒左右，學會抽離地看，隔絕外部壓力，回歸事物本質，然後理性地思考，對決策很有幫助。是自己投資的公司真的出了問題，還是只是隨市場波動？懂得從長遠看，許多問題都變得簡單許多。

股災面前，我們要思考的是公司基本面到底行不行。如果不行的話，那麼任何時候都不應該持有；如果行的話，那麼再看看持股比例，資產配置到自己舒服的水準便可以了（是理性上覺得安全，不是感性）。

隨市場波動而情緒起伏地交易，多半會留下後遺症，頻繁交易通常虧損更多。理性決策是第一步，接下來是訓練逆向思考能力，別人恐懼你貪婪，別人貪婪你恐懼。投資要做風險管理，但不應因噎廢食。持有現金看似安全，實際上最不安全，因為現金會貶值，尤其在高通脹時代。

堅守信念很重要，只對自己有能力把握的投資作思考，這樣才能安心。一是堅持持有優質企業股票，一般不特別考慮倉位要下降，但當市場結束大升浪，作適當調整時，可以靜待趨勢結束訊號出現才去行動。而連盈利也沒有或市盈率過百倍的"博彩"股便不是我們能夠把握了，只能祝福相關的參與者知所進退。注意這裡沒有太多對錯的感覺，我們在力所能及之下還是會換位思考，盡量理解參與者的思考模式。

股市是社會的倒影，基本上也是叢林法則或者弱肉強食的情況，在這裏要賺錢便要成為強者，這就要克服很多常見的行為（貪婪、恐懼、懶惰、非理性等），例如以假亂真的仙股陷阱，投資者犯錯多因貪心而起。所謂投資大家，是能夠把金融知識結合本身的實踐體驗，轉化為一套有效的策略，或者叫作是投資世界的求生技能，才有望長線賺錢。

投機者需要學做獵人，投資者需要學做農民，雖然很困難，但具足天賦的人可以同時成為獵人及農民，一般人根據性格，選擇好一條路基本上財政無憂。但千萬記住，不論是哪一種，我們也要知道世界有更高層次的獵人存在，外在的與內心的，隨時把我們當成獵物，知己知彼，才能百戰不殆。

股災思維模式

在股災面前，多數人會恐慌，但這不一定是正確的思維模式。我們不妨向智者學習。

大投資家 Howard Marks 是如何渡過金融海嘯的。他回憶說：當雷曼兄弟在 2008 年 9 月 15 日申請破產後，他和他的拍檔迅速作出了兩個重要結論：第一，沒有人能預見金融機構在這場突發性災難中會惡化到什麼程度；第二，消極心理已經達到猖獗的地步，資產看來便宜得要命。

接著，秉持理性思考，他們做出了關鍵決定。假如金融末日真的來臨（這種可能性無法完全排除），那麼無論買還是不買，結果都是一樣的；但如果金融危機沒有發生，而他們卻沒有趁低價買進，那我們就是失職了。在這一思路指引下，他們開始積極買入債券。從那年 9 月 15 日到年底的 15 個星期裡，我們每週投資 5 億美元。有時覺得自己行動過於急躁，有時又覺得動作太慢，但事實證明，他們的判斷很可能是正確的。

Howard Marks 抄底的結果是甜蜜的，價宜是硬道理。只要股份夠便宜，等於預先反映了大部分負面因素。待市場信心恢復，有基本因素支持的企業，股價自會慢慢回升。

這樣的思維幫助他們在市場低迷時保持冷靜，並在資產價格低迷時進行購買，最終獲得了良好的回報。這也展示了在面對市場波動時，保持理性和長遠視野的重要性。

自反性投資

股市下跌一般可歸結為三大原因：“殺估值、殺業績、殺邏輯”。殺估值是最好的情況，因為只是升得太急，價格調整後便是買入良機。殺業績也還算可以，因為業績回調後，還有機會再創新高。但殺邏輯就不得了，因為買入的理由已經不存在，需要考慮沽售。

那麼，股市上升呢？把順序倒過來就好。升邏輯是指，納斯達克指數從 2008 年金融海嘯後的 1500 點，上升到 2024 年 11 月的 19000 點。科技發展、新經濟取代舊經濟的趨勢持續，慢慢地，16 年中指數竟然上升了超過 12 倍。

當市場流動性過多，即使沒有業績推動，估值也可能不斷被反覆推升。這種無關基本面的上升（資金充裕是基本因素，但資金突然發瘋卻是情緒因素），索羅斯的自反性理論可以解釋，他認為人們對現實的理解經常扭曲，但這些扭曲的認知，往往是影響事物走向的關鍵。

股市的升跌難以預測，但當人們預期會升時，紛紛入市，結果股市真的上升。到底是股市先上升，吸引投資者入市；還是投資者預期升市，真金白銀下注，使股市推高？其實這不重要，因為人們的信念會改變現實，反過來又進一步改變預期，形成強烈的正反饋效應。

上升或許只是資金驅動，而非基本面改善。見到上升，可能驅動更多資金入市，讓股市進一步抽高。升估值與殺估值相反，後者健康，前者則不健康。在大部分人樂觀時，我們反而應保持警惕。

自反性投資在某些時候成立，當市場嚴重扭曲時，反向操作，在短時間內賺取高額回報，然後靜待下一個機會。這就像一場心理戰，考驗的是你的冷靜與智慧。

第二章
以價值投資爲基礎的選股邏輯

從無常聊到價投

人生匆匆數十寒暑，面對無窮變化，變幻才是永恆。在人生或投資的世界中，不確定性是唯一確定之事，學會與不確定共存，方可真正安心。

任何投資體系都要有面對不確定性和風險的手段或策略。以價值投資為例，投資者不應被價格的波動所迷惑，而應耐心等待，著眼於未來，精確評估企業的真實價值。當以足夠的安全邊際進行買入和持有，隨著時間的推移，市場的波動終將成為背景噪音，真正的價值會逐漸顯現。這正是價值投資應對變化的核心理念。

然而，正如凱恩斯所言："長遠而言，我們都一命嗚呼！"還有那句："市場非理性的日子，可能遠比大家的壽命更長！"這些話語道出了投資的真諦。儘管歷史數據告訴我們市場有高有低，有時便宜，有時昂貴，但這些都無法保證未來的重演。價值投資雖然有其標準，但若沒有深刻的認知和能力圈的支撐，投資者很容易在市場震盪和盈警公佈時失去信心，無法堅持到價值浮現的那一刻。多年來的研究成果，若無法經受住市場的考驗，最終也可能化為一場空。

2024 年我們重倉的一家生物科技公司，5 月底公佈其關鍵藥物研究進展時，市場錯誤解讀訊息，股價在短短幾天下跌近 50%，我們團隊幾天幾夜為了反復論證真實情況而廢寢忘食，最後斷定是市場的誤解造成股價的大跌。而我們的論證是對的，最後管理層在關鍵時刻適當公佈了關鍵數據，其後該公司的股價又以翻數倍的姿態作結，也印證了我們當初投資的邏輯完全成立。這個例子再再說明能力圈的重要性，而這當中經歷的辛酸和心力鍛煉又有幾人知。

價值股與增長股之策略

在投資的世界裡，價值投資和增長投資常被視為兩種截然不同的策略，各自擁有忠實的追隨者。在負利率時代，增長型投資風頭無兩；而在利率高企的當下，價值型投資則顯得更具優勢。其實，這兩種投資方法並不對立，相反，它們彼此交融，各自都蘊含著對方的元素。這種互補的關係，讓投資者能夠在不同的市場環境中靈活應對，達到最佳的投資效果。

一般而言，價值型企業的業務相對成熟、穩定，典型行業如銀行、公用事業等，這類公司每年的業務增長穩定，主要靠過去累積下來的競爭優勢撐起業務表現，而且一般估值低廉；增長型股份的公司前景較廣闊、業務創新能力強。例如近年流行的電動車行業或人工智能產業鏈，公司價值並非只在於今年銷售額，而是新發明未來可搶占多少市場份額、如何顛覆行業，創造出新價值，等等。

股神巴菲特曾表示，把二者分開沒有必要，事實上投資本質上是尋找公司價值。今日被視為增長型企業，明天可能會成為價值型企業。以蘋果公司為例，曾是推銷夢想的增長型股份，經過多年經營累積了豐厚客源後，業務開始穩定，近年產品亦未見有更觸目的創新，股份性質慢慢趨向價值型投資的定義，但其增長性則變得更確定。

投資應該同時具備兩種特質：核心競爭優勢與增長前景。我們除了分析公司的“價值”所在，印證其競爭優勢是否能令公司脫穎而出，同時支撐公司順利度過低迷的營商環境，也要兼顧其增長前景，反之亦然。

星級投資人霍華德·馬克斯曾發出一份投資備忘，嘗試解答近年投資者面對的估值迷思。霍老在備忘中提到因應疫情關係，他與同是從事投資的兒子"被迫"同屋相處，結果造就了一次千載難逢的論劍機遇。那就是價值投資與增長投資的理念。

話說霍老作爲一名堅實的價值派信徒，父輩曾經歷大蕭條，自己的職業生涯亦遇上數次大型股災，因而對股市週期有深刻的痛苦體會。霍老指出，其入行時股票實屬小衆玩意，加上資訊不對稱，少數聰明的投資者只需跟蹤價值宗師格拉罕的教誨，即以遠低於價值的低廉價格購入股票（所謂的價值投資），便能致富，當中格拉罕大弟子巴菲特更成爲家喻戶曉的成功案例。

相反，霍老兒子生於太平盛世，期間儘管股市亦出現過不少震盪，但大多能迅速修復。及後因爲資訊發達，股票進屋成爲主流，龐大的市場繼而吸引了全球最頂尖的腦袋參與，令尋找出傳統意義上的價值股變得相當困難。因此，新世代投資者轉投增長陣營，即選擇押注一些表面上估值已經高昂但擁有亮麗增長故事的優質股票。

對於選擇"價值"還是"增長"，霍者與兒了爭論過他，聰明這個恨本不是簡單的二元問題，因為兩者並無矛盾。價值的意思就是未來所得到的遠高於今天所付出的，因此增長股亦可以同時成為價值股，關鍵在於假以時日增長股是否能帶來遠高於今天表面已相當昂貴的代價。也就是說價值包含了增長。

互聯網時代，幾乎所有創新公司都採取放棄眼前利潤，換來日後巨大市場的策略，這些包括曾長期處於巨額虧損狀態的股王亞馬遜。關鍵在於真正把握核心及未來 10 年的趨勢。

投資者應放下無謂的意識形態爭論，價值投資可以隨著時代演變，聰明的投資者亦然。這當然並非鼓勵盲目追入增長股，而是希望投資者要懂得看穿眼前價格的表象，放眼更遠的未來。然而，相比起有數得計的傳統價值投資，新世代價值投資將困難得多，畢竟擁有非凡眼光的人與最終能值回高昂票價的股票只有極少數。

芒格也說，巴菲特的成功除了因其天生異稟之外，更重要的是，他從未停止進步，即使已步入晚年，巴菲特亦可以從 IBM 的失敗中重整旗鼓，再押注蘋果打出一次全壘打，賺取千億美元回報。

成長股的思維邏輯

曾經看過一篇分析文章，作者將股票簡單分爲十億級別、百億級別、千億級別和萬億級別，然後再思考這些公司能否在未來成長至更高級別，實現 10 倍或以上的回報。

在投資增長型股票時，應該運用這種邏輯來思考。例如，美團（03690.HK），作爲一個全方位的生活服務平台，其市值在中期絕對有潛力突破萬億元。而這個目標數字並非隨意得出，而是通過嚴謹地比較美團與其他科技網絡巨頭的估值、經營模式、護城河以及發展軌跡等多方面因素綜合得出的結論。

這種分類和分析方法，不僅能夠幫助投資者清晰地了解不同股票的潛力，還能幫助他們做出更加明智的投資決策。畢竟，投資的成功在於深思熟慮和精確判斷，而不是盲目跟風。這種對市場和公司的深入了解和分析，就如同打開了通往投資成功的大門鑰匙。

對於手上持有的公司，要反覆思考其發展能否在往後的時間再上一個台階，市值再做一個躍升。我們經常投資房地產企業的股票，有個老友便交流說，只要不斷尋找能從 100 大進入 50 大、30 大、20 大、10 大及 5 大的企業，每一次提升級別便是數倍的回報。當然要在公司市值還未大幅增長時已率先佈局，並且分享其高速成長時帶來的股價上升動力。

但是，論道容易執行難，並不是每家公司均有機會放大十倍規模的，因爲其所處的行業賽道、商業模式、管理層思維、團隊能力等因素均會帶來不同的結果，這個需要很強的行業判斷能力及商業觸覺。要建立真正的能力圈才能做到。

行業賽道決定了一家公司長期發展的潛力。我們必須選擇那些天花板足夠高、坡度足夠長的行業，才能確保有足夠的成長空間。如何判斷行業賽道的優劣呢？最簡單直接的方法是參考海外地區的歷史趨勢，結合目標地區的人口結構、消費模式、收入支出比例等多方面因素進行綜合考量，就能大致估算出潛在市場規模（Total Addressable Market,TAM）。

以醫療行業為例，美股過去 10 年（截至 2023 年）共誕生 14 家大市值的 10 倍醫藥股，其中 8 家爲醫療器械公司、3 家爲創新藥公司及 3 家爲醫療服務公司。醫療器械行業裏較容易出現大牛股，原因是此行業無專利懸崖，優於創新藥賽道。

以全球最大的器械公司美敦力爲例，市值已近萬億，中國市場的人口更大，經濟發展趨勢向上，長期醫療需求應不比美國差，哪在未來市上的醫療器械公司未必能夠打進全球市場，單是一個中國市場也應該能夠支撐起 3000 億至 5000 億元市值，可比對現時中國醫療器械一哥邁瑞的市值已近 4000 億元。

再仔細探討這 8 家公司，不難發現這個行業有一個特點，就是醫療器械公司要想在公司規模上一個層次，必須要實現跨賽道或全球化擴張，其中很多時候更是通過不斷併購壯大。醫療器械行業包含醫學影像、體外診斷、骨科、心腦血管介入及微創外科等子領域，每個子領域也有相應的玩家和市場空間，公司如想再擴大，只能通過自有發展或併購去實現跨賽道擴張，又或者併購海外公司去增加不同地區市場的收入來實現增長。

投資應作與不應作

人生是由種種抉擇組成，要結什麼果，便應作什麼因。做事要有焦點，一旦決定了方向，便要聚焦去做好，才可以事半功倍。如果選定價值投資的理念，焦點便是企業基本面，深入分析以選取優質企業，然後待合理估值買入。留意價投焦點不是股價波幅，所以不存在止蝕這個只適合"投機"的風險管理方法，混淆了此點便會兩邊都著不了力。借貸及槓桿投資可免則免，因為股價一時逆轉會促使被迫沽出優質公司，與投資理念相違背。

我們見到不少中長線好公司的成功投資者或基金，並不會太刻意為核心持倉作股價對沖，對沖其實也是估算市況走勢，不會每次也成功，長期來說也只是零和遊戲，時間和資源應放在分析及揀選好公司上，對回報會更見效益。問題是太多人都不肯認真或沒有完整體系分析企業，一旦股價向上便沾沾自喜認為分析正確，一旦股價向下則懷疑企業的方方面面，這些都不是真正的價值投資理念實踐。

投資優質成長股，注視點是公司未來數年的業務及業績增長，與公司一同成長，只要在合理估值下買入，回報便會反映在股價中長線增長上，公司不論客觀環境變化（經濟盛衰周期）都在持續增長，因此不存在復蘇概念。若過於重視復蘇概念，可能會偏離價值投資的核心理念。復蘇的時間長短不一，若因市場資金的"風格轉換"而賣出增長型公司，轉而投資於傳統型公司或週期性行業（周期性行業要知所進退，有機會再闡述），從中長期來看，可能會錯失優質企業的成長機會。價值投資應該著眼於企業的內在價值和長期增長潛力，而非短期市場波動。這樣才能真正把握住投資的精髓。

增長型公司與傳統型公司或週期性行業並沒有對立，但前提是公司正在經營一門獨特的生意模式，於行內存在明顯競爭優勢，也符合優質增長股的條件。

"買入並持有"此策略很簡單，關鍵在於深入調研，需要大量時間、精力投入，耐性不可缺，專注、認真不可缺，但成果卻沒有保證，因此也非易事，尤其是當股價短線波動牽動氣氛及情緒時，更考驗對所投資公司的信念，所謂信念，是建立在對公司的瞭解程度。買入一間公司後並非坐著不理，還需要持續檢討其競爭優勢、業績及估值，看看仍是否符合繼續持有此優質增長股的條件。

沒有人可保證所有經過深入調研而揀選的公司，必定如預期般是中長線表現傑出的優質成長，強如股神也有選錯公司的時候，在我們十次的認真投入分析中，能有效產出四個優秀成果我們已十分滿足。我們致力於不斷提升這個成功率，令到成功個案明顯多於失敗，加上回報中長線以倍數計，從而令整個組合中長線取得理想表現。

戰略比戰術重要得多

戰略如同一幅宏大的藍圖，指引著我們的方向；而戰術則是實現這幅藍圖的具體步驟。沒有戰略的指引，戰術再精妙也難以達成長遠的目標。正如一位將軍所言，戰略決定了我們的終點，而戰術只是通往終點的手段。兩者相輔相成，但戰略的重要性無疑更為突出。

對於企業的選擇，雖然在不同時期有不同的趨勢展現出來，但我們心目中的選擇依然是那些擁有優質管理層、處於高速增長賽道、同時兼備業績確定性的優質股份，因此我們也會以此標準留意傳統行業，試圖從其中尋找一些穩定增長、非週期性之股份作中長線投資。

要預測一家公司未來一個季度的股價走勢確實困難，但若要判斷 2-3 年的大方向則相對容易，長期而言，股價更多反映的是行業和公司自身的成長與價值。在管理投資組合時，我們希望在目標行業內挑選出潛力最佳的公司，時間是好公司的朋友。一旦選擇了最佳的投資標的，我們希望能在合理的估值水平進行買入，然後中長期持有，而不是頻繁地高賣低買。

目前來看，有幾個客觀條件使我們能更有效且嚴格地執行上述策略。首先，資金規模不算龐大，管理起來相對容易，主要體現在標的數量需求上；其次，中、港、美上市企業數量龐多，數以萬計，選擇合適標的的可能性較高；最後，由於選擇多，配置方面不需要過於集中，安全邊際也可以設置得更嚴格。

這幾年來，我們的研究方向更加專注，更加聚焦。新經濟、消費及醫藥板塊內的投資選擇已很多，數目已經多到要放棄行業內部分公司的研究，而且要看清任何一個行業耗時甚巨。以研究單一公司為例，我們需要深入認識其商業模式，看清其上游、下游、競爭對手及合作機構等情況，同時也要研究其產品或服務，創辦人／管理層背景及能力、公司文化及激勵機制等眾多領域，這樣才可以全面地對投資目標建立基礎的認識。

買入後，研究的過程也不代表完成，投資後的持續研究是必須的，世界變幻莫測，再好的行業或公司也會出現變化。因此，我們只能適當的聚焦，建立長期的能力圈。事實是，如果要把每一個行業都看清，最終有機會什麼也看不懂。聚焦的地方，籠統的說，我們深信科技會改變生活、改變很多傳統消費模式，同時科技公司很多時是天然的優質生意模式；而消費和醫藥則是長牛行業，行業長期成長性佳，也容易產生一些大牛股。

投資與打仗非常相似，既要有長期正確的戰略（投資方向），也要在戰場中有好的戰術（投資方式）。而這二者，戰略又遠比戰術重要很多。

揀股藝術——跨學科融匯貫通

所謂選股，或者價值投資，遠比計死數複雜，絕對是一門藝術，跨學科能力愈強愈有優勢。要建立跨學科融匯貫通的能力，少不免長時間的浸淫，由模仿到創造，由形到神。

經常看到股票價格大跌，理應是入市良機，但真正敢於這樣操作的人並不多。這是因為大多數人的決策都被情緒牽引，而情緒又受股價波動影響。當然，有時股價大跌確實是因為基本面改變，估值回落。然而，從長遠來看，估值變化的最大原因往往是利率和市盈率（受市場氛圍影響）。市場氣氛一旦逆轉，市盈率也可能回升，從而帶動股價大漲。因此，關鍵在於做好功課，抓住優秀企業的機會，股價下跌反而是入市的良機。

巴菲特常說，他的投資決定只需 5 分鐘，這當然源於他長期研究股市，經歷過無數牛市和熊市，對估值和股價變化瞭然於胸。當有人願意向他出售企業時，他只需看一下對方的財務報表或報稅紀錄，就能迅速計算出收購價。這就像一位精明的家庭主婦，對各類日常用品價格了如指掌，在清貨減價時，能迅速判斷出哪些商品值得購買。

不同的行業增長速度各異，成本結構也不盡相同，對各種商業模式的熟悉程度至關重要。商場收取租金，直接成本僅包括差餉和保安、清潔等現場管理團隊的費用，大部分收入都是營業利潤。商場的租戶是零售商，售賣商品的收入在扣除貨品成本後，毛利率相對較低。商場（業主）若要擴展業務，無論是收購還是開發新商場，都需要大量資金；相反，零售商拓展新據點，相對銷售額的投資成本較低。因此，零售業若能找到合適的營業模式，其擴展速度將遠超地產商。

個人能力和精力有限，自然無法逐個行業深入研究。然而，有成績的投資者往往專注於自己理解的行業，逐步擴展自己的"版圖"，這就是所謂的能力圈概念。

在投資世界中，經常聽到朋友們惋惜錯失了某些機會。當然，如果錯失的機會是自己熟悉的領域，確實值得討論；但若是能力圈之外的投資機會，事後再來懊悔其實並不合理。當然，如果對行業和企業發展的掌握不夠深入，錯失了大機會，那就需要好好反省了。

科技是第一生產要素，科技的進步會不斷引領投資的方向，因此個人持續投放比較多的時間、精力學習、分析，把握科技趨勢，並慢慢建立優勢。兵法常說"天時地利"，在投資世界，"天時"也許就是經濟和利率等因素。那麼，"地利"除了理解成地域之外，也許就是對不同行業的理解了。包括行業天花板、競爭格局、產業鏈各參與者的商業模式，乃至個別企業的護城河等皆在此之列。

商業觸覺是股票分析的必備條件

分析一隻股票值不值得投資，純粹看基本面或低市盈率及盈利走勢不足夠，還需要有生意人的觸覺，例如用銷售與市場策略經驗去分析，時代發展，強者恒強，巨企龍頭或獨市生意的競爭優勢愈來愈大。總括而言，成功企業分析需要有商業觸覺（理解商業模式）、成功銷售或市場策略經驗、合理因果分析的能力，在股票市場及時機把握，還需要有技術分析、買賣策略，最後加上運氣。

我們的分析只是用個人觀點及經驗去看世界及未來走勢，面對現實的股市，我們就要用相當貼近現實的方向去分析，縱然得出來的答案是有相當不確定性，我們也要去行動，並且相信一切皆可變。基於機率或可靠性衡量後不去做買賣是合理，但基於不想行動而不去分析就是有問題。

人大多數會偏向萬無一失或事事完美，世界要配合我們的個人期望及需求去轉。這當然是不可能的事情，但人就是會慣於過去及自我中心，要接受相當多不確定性實在很難，投資的關鍵就是要接受常變。有了人工智慧突破後，未來的可能性已經多到不能估計。

在可見的未來數十年，直到科技可以令所有人得到溫飽及不用工作之前，我們也要不斷學習去提升自己，才可以有合理的分析力去應對。反省，應變是必不可缺的特質。

剖析企業的成長動力

買股票即是買企業，優秀的企業能保持成長，剖析其增長動力尤為重要。企業的成長動力涉及影響其發展的各種內外部因素，如市場需求、技術創新、組織管理、人才培養和資金支持等。儘管不同企業的成長動力各有不同，以下幾個方面往往是關鍵：

市場需求與空間

市場需求是企業成長的基礎和動力。只有滿足客戶需求，企業才能獲得市場認可和支持。因此，企業應密切關注市場變化和趨勢，及時調整產品和服務，創造差異化和競爭優勢。

企業還可以通過產品提價來達致成長。這幾乎是企業最簡單的增長策略，對管理層的要求極低。例如，名牌 Hermès 的手袋每年恒價，不變的產品款式即能抵消成本通脹並提升盈利。巴菲特持有的喜斯糖果、可口可樂等品牌，也定期提價且不影響銷量。

另一種策略是提升市場佔有率。當產品市場滲透率低時，行業中的企業自然享受滲透率提升的成長。然而，當競爭格局穩定後，企業之間需要通過產品品質、定價、管理效益、資金投入及運營水平的競爭來搶奪市場，此時龍頭企業通常享有更長期的好處。

技術創新

技術創新是企業成長的核心。只有不斷創新和改進，才能提高產品質量和效率，降低成本和風險，增強市場競爭力。然而，開發新產品難度極高，投入多且失敗率高，而且產品一旦成功，會引來大量同質化競爭。這點與風險投資的心態類似，企業需要有心理準備隨時全軍覆沒。作為投資者，需要持續觀察公司的研發投入是否具備質量，投入數額高並不一定是好事。

比技術創新更難的是開發新業務，這對公司管理層來說應該是最大的挑戰。尋找新的增長曲線幾乎等同於推翻過去的成功，重新開始。

公司還有最後一個方式能提升股東回報，那就是資本配置的能力。因為一些優質的商業模式能夠創造龐大的現金流，而如何配置這些現金，也會極大影響到公司的長期價值。把優質的生意產生的現金流再投入在更多的優質生意或投資上，這會大幅提升長期回報。

中港股市中有不少公司現金流相當不錯，但是卻保留大量現金儲備，而不選擇回購股份或作理想的資產配置，白白浪費了機會。資產配置的難度很高，很多時候，當管理層看到龐大現金時，很難抑壓著內心的狂熱，能夠選擇堅持和冷靜地執行長期而審慎投資原則的人甚少。而比較簡單且非常有效的方法是回購公司股份。

略談挑選優秀管理層

我們的投資哲學主要是做好價值投資，而這離不開挑選優秀管理層，在密集的業績期過後，順便整理一下我們對優秀管理層的理解。簡單而言，管理層必需同時具備誠信及能力的特質，以下略作整理。

關於能力方面，我們希望管理層具有很強的前瞻性，能以一種長期的戰略方式去思考業務。同時，他們應該是充滿睿智、對業務展現激情及活力，這在不同國塊中才能帶領企業突破。至於誠信，他們本超信和用是誠實和值得信賴的，這主要體現在他們以對股東友好的方式行事。在誠信與能力二者之間，強調誠信更重要一些。

投資公司就是投資背後的管理層。能成爲上市公司的管理層，必定具備過人的才能，是社會的精英，與其接觸，我們很容易便受到他們激情的演說或推銷所影響，認爲該公司確實存在巨大的投資機會。

但是，時間久了，經驗多了，我們會發現投資者實際上是站在公司管理層的對立面，管理層大都是希望得到投資者的青睞，因此個別欠缺誠信的管理層會傾向隱惡揚善，更甚者會把不實之事推銷給大衆。所以，我們不能單純地相信個別管理層的言詞，反而應該合理分析他們說話的真確性，同時儘量跟行業內不同參與者、競爭對手、上下游供貨商或顧客交流，將多種訊息拼合而成才有機會得到事實的真相。

我們需要關注管理層的性格行爲，因爲我們都只是小股東；倘若管理層並不具備誠信，一來公司長期難有很好的發展，二來就算公司有好的發展，作爲股東也未必能分享成果。因爲擁有好的管理層，時間是我們的朋友。

故此，每當我們發現公司有任何明顯損害股東權益的行為時，無論公司的發展或業績有多優秀，我們應該果斷放棄。

企業回購利益股東

我們鼓勵股價低殘但營運良好的企業進行回購，以回饋股東。回購股份的原理好簡單。例如一家公司擁有市值 90 億元的資產組合和 10 億元現金，企業估值就是 100 億元。如果企業總共發行了 10 億股，每股估值就是 10 元，三年來股價由 10 元大跌至 2 元。公司把 10 億元現金用於回購股份，可以回收及注銷 5 億股。交易後企業剩下 90 億元的資產組合，發行股數跌至 5 億股，每股便提升至 18 元。那以 2 元購入的話潛在回報率達到 9 倍！

如果將 10 億元現金以特別息派發，在海外一些地區要徵收 30% 股息稅，全體股東就要繳 3 億元股息稅。倘若回購股份，大部分股東的狀況不變，只有願意此刻售股的股東才需要付資本增值稅。

不少港股都有大股東，加上其他管理層和願意長期持有的大型機構投資者，他們的持股不輕易出售，市場的股票流通量實際上可能只占總發行量一半或更少。上述例子把企業總估值五成用於單次回購股份，現實中不會出現，但就算是每年回購 5% 股份，當股票實際流通量只占總發行量一半，其實已注銷了 10% 流通股票，足以改變股票供需。

當大市氣氛薄弱，而企業本身財政健康時，短倉就要考慮自己資金能否耗盡企業的回購資金。當市場氣氛不佳，而企業財政穩健時，考慮落實回購計劃，可說是利人利己的行為。

公司持有大量現金非重倉標準

我們看到很多公司賬上淨現金非常多，導致 FCF/EV 收益率很高，這類公司裏往往會出現一些價值陷阱。

其實，管理層如何配置現金是這個問題最關鍵的因素。作為小股東，這些現金不同於我們錢包裡的錢，可以隨意支配。本質上公司現金是管理層代股東投資（如果管理層也是大股東，代理成本較低，因為本質上利益是一致的，但過低的股權會存在潛在衝突）。他們面臨哪些投資機會？使用現金的歷史如何？

必須根據公司管理層的歷史表現和經營業務情況來判斷這筆錢

會怎麼用？如果股價非常便宜，管理層可以通過回購來爲剩下的股果創造價值，公司也可能坐享現金，每年只賺取銀行利息；或者投到現有業務中去；或者大舉收購，若大量的收購以失敗告終，這個現金可能就消散了。

那麼理論上，這筆大額現金可能一文不值，也可能可以給個全價（回購或分紅）。如果管理層 3 年或更長時間後還是坐享現金，考慮到機會成本折現，這筆現金當下對投資者來說可能要用折現角度來考慮。

如果核心業務擁有一個較高的合理價值（管理層應比投資者更有把握），若價格大幅低於這合理價值，這種情形應該還是好生意短期遇到了非常極端的情況才會出現。那麼管理層這個時候更應該做的是繼續投資夯實主業同時趁著低估進行大量回購，這是千載難遇的機會。否則這個管理層的利益可能衝突於小股東。

對於煙蒂股還是要分散，小股東沒辦法主動推動價值回歸，那麼個股的價值回歸之路可能千差萬別，有的走著走著就走丟了。時間是壞生意的敵人，好企業和差企業之間的區別在於，在好企業裏我們會做出一個接一個的輕鬆決定，而差企業的決定則常常是痛苦萬分的。

這再次強調了管理品質的重要。管理層分配剩餘資本（在滿足增量資本以及物增長需求，並在資產負債表上留下一些以備不時之需後）的管理技能有多好，這部分剩餘資本可以用於現有業務線或新業務或支付股息。

管理層是否足夠謹慎和明智，能夠將剩餘資本有意地只分配給好的業務，還是已經顯示出了將剩餘資本分配給劣質業務的傾向。通常，即使是最好的管理層，他們的能力也僅限於一項或兩項偉大的業務。偉大的管理在新的業務中可能被證明是"失敗者"。偉大的企業家也是如此。一個偉大的科技型企業家不太可能擅長管理消費者企業。管理技能不容易從一個業務轉移到另一個業務。不管你怎麼想，這都不是那麼容易的。

因此，一個管理層將資本配置到更新業務的能力讓人懷疑，即使它是一個偉大的管理層，並在其原有業務上取得了巨大的成功。當管理層表現出一種不斷嘗試更新業務的傾向時，人們就會對它產生深深的懷疑，因爲它失敗的風險很高。

因此，資本配置的好壞是一個優秀管理的關鍵標志，這意味著有時什麼都不做可能會得到更大的回報。如果一個人有一個很好的商業想法，它有很大的機會，同時有能力取得成功，最好是利用這個業務，而不是涉足太多的新業務，因為根據平均法則，能力圈之

外會遭受打擊，而且這不僅會影響新業務，還可能對現有的業務產
生有害的影響

管理層的智慧在於有能力知道在哪裏配置資本（以及在哪裏拒
絕涉足），有勇氣和信念保持專注，有能力明智地避免向缺乏核心
競爭力的業務配置增量資本。這種聰明而且明智地配置資本的能
力，是對管理層紀律、性格、氣質和耐力的根本考驗。

其次，管理層是否有智慧，不將企業不需要的不必要現金囤積
在資産負債表上，而將其返還給投資者。當過多的現金被囤積在資
産負債表上時，它有可能産生以下不良後果：

a）稀釋 ROCE 和 ROE，ROE 是一個判斷管理水準的非常重
要的定量指標；

b）放鬆經營的嚴密性，鬆散的運營管理和很低的效率；

c）可能走出管理層的能力圈涉足新業務。所有這一切的後果
是減少或侵蝕價值創造。

質優股選股標準

　　全球宏觀經濟和地緣政治前景仍處於相當波動的狀態，大部分公司及行業會較長時間處於一個增長放緩的環境。

　　目前政治、經濟及投資環境不明朗，選擇企業要更加謹慎。現階段選擇優秀企業有以下注意事項。首先，要擁有很強勁並持久的特許經營地位，惟此優勢並非政府給予，而是憑自己一步步建立起來。其次，公司毛利率及純利率比較高，前者代表其主要產品及服務的競爭優勢，後者則代表上佳經營效率，亦令公司在經營環境不理想下，依然可以保持盈利狀態。會計上盈利的真實程度也很重要，因此公司也要擁有高營運現金流及自由現金流，讓優秀管理層可做好如再投資、派息、回購等資本分配，爲股東持續增值；最後，管理層的薪酬和激勵政策需要與促進股東長期利益掛鈎。

　　理想的情況是，公司收入中有不小部分源於客戶重複購買或保養維護等經常性收入，令利潤對經濟狀況減少敏感度，這往往來自顯著及持久、競爭對手難以複製的無形資產，最佳例子是由創新、客戶忠誠度、版權和分銷網絡驅動的強大品牌認知度。建基於此，公司會擁有定價權，於高通脹環境下有能力加價以轉嫁成本，這在現今環境尤其重要。若公司擁有良好行業地位，如在壟斷或寡頭市

場中具有相對較高的市場份額，進入門檻較高，絕對事半功倍。公

司同時亦需擁有強勁的資產負債表，財務實力往往藉由低資本密集

度及財務槓桿顯現。

企業利潤率判斷優秀商業模式

人的時間精力有限，企業的資源亦是有限的，因此要集中精力

處理有效益的事，從企業角度看，不同的投資項目有不同回報率，

投入少而產出多的自然是好項目，而不是芝麻綠豆的錢都要賺。

例如蘋果純利率高達 26%，較車企高出不少。即使高檔

跑車品牌如保時捷和法拉利，純利率也不過 15% 左右，平治

（Mercedes-Benz）更只有 10%，從這角度看，蘋果宣佈停止造

車計劃，似乎可以理解。

高純利率是優秀商業務模式的結果。賺錢生意人人想做，愈賺

錢的生意愈多人想做，因此門檻不高的商業模式必然會有大量競爭

者存在，多人做的生意就容易出現價格戰，利潤率就不會高，如鋼

鐵行業。

汽車業利潤率比蘋果收蘋果稅來得低，主因產品差異化不夠，

只要賣得比別人貴，消費者就變心。消費者對價格敏感度高，企業不容易獲厚利。相反，蘋果的產品在消費者心中有特定的位置，即使定價高些，大眾也覺得是理所當然，不會與其他手機品牌直接比較。

高端消費情況也一樣，名牌手袋差不多年年加價，消費者還是一樣願意付鈔。愛馬仕（Hermès）的純利率達三成，茅臺的純利率更逾五成。這些都是擁有強大消費者擁護心理的商業模式。長期高純利率代表的是產品差異化高，別人想抄也抄不了，不容易陷入價格戰。

高純利率還有一個好處，就是犯錯空間較大。我們曾經學習過的一間鋼鐵加工企業，做數以百億元的生意，但純利率只有區區的 1.5%，當原材料急漲，又或市況逆轉，便可能一下子轉盈為虧。長期以來，企業利潤糾結於原材料價格波動，作爲股東只有受苦受難。

純利率逾 25% 的公司不多，能長期保持的，全都值得深入研究！惟高純利率是果不是因，瞭解企業如何做到，和高純利率本身同樣重要，而要學習總結優秀商業模式，這會是一個很好的起點，在市場波動的時候提供錯價機會時，絕對要好好把握。

行業龍頭的優勢

　　同樣是城市，爲什麼大城市的人愈聚愈多，中國有北上廣深等一線城市，而日本則有東京、大阪，美國人選擇東西兩岸的紐約和矽穀。當人聚過去，財富也會滾滾而來，而相關地區的房價就居高不下，長升長有。這就是龍頭效應，城市發展到一定規模，就業機會、生活環境、公共服務、教育養老乃至旅遊文化都會發展得更好，並非二線城市可比。需求殷切，價格自然水漲船高。同樣道理也適合行業中的優質龍頭，這類企業的股價也是讓投資者欲罷不能。

　　資金喜歡流向最優質的資產。熱門行業的估值可以比冷門行業貴一倍二倍，而行業領頭羊的估值又可以比其他競爭對手高出不少。因此，我們在分析的時候，會非常注重選取長賽道行業，並對行業競爭格局進行分析，挑選其中的龍頭企業或者顛覆者。

　　世界很多發展格局遵循 20/80 原則，很多行業頭部 20% 的公司，賺了行業 80% 的錢，智慧手機行業是蘋果、三星，手機遊戲是騰訊、網易，社交媒體是微信，網購則是淘寶、亞馬遜，消費行業中的白酒、醬油等亦復如是。Winners take all，其他的 80% 玩家只能賺取剩下的 20% 利潤。龍頭企業賺了行業大部分的錢，長期的盈利成長有更大確定性，當然，估值一般也不會便宜。

假若大家做同一樣的事情，後來者是無法超越領先者。因為領先者的資源定必最多，規模效益定必最大，我們曾經研究過白色家電，空調生產龍頭企業格力，美的生產成本更低，出售價格是對手的成本價，但仍有 10% 以上的盈利空間，其他生產商難以望其後背。後來者只能通過顛覆性的產品或者商業模式才能挑戰龍頭地位，例如拼多多在淘寶、京東二分天下的內地網購市場，利用拼團創造了很大的空間，用戶人數在幾年間超越龍頭。

故此，如果經營環境不變下，各企業間的差距定必拉開。龍頭企業升的時候升得多，跌的時候跌得少，最後回報定必最好。資金追逐頭部企業（並帶來估值溢價），其實非常合理。多年來，體育用品中的安踏、其上游公司材料企業申洲國際、社交媒體及遊戲巨頭騰訊皆展現出這種強大競爭優勢。

價值投資實踐的體會

在下從事投資已逾 30 年，過程有不少的演化，從很多成功與失敗中學習，持續進化悟出有效法則，不會一步登天。一個相當有效的投資策略是陪伴優質企業成長，也就是盡量持有優質增長股一段長時間。此策略比很多其他投資策略更簡單，運行更有效率，可避免因市場噪音而過度分析及決策，而且中長線回報更佳。

　　這樣描述或許有點誇張但並不過分：一項成功股票投資，10% 是發掘到一家優質企業，90% 是可以持有這隻股票不沽出。不過，沒有這 10%，其後的不會發生；但若只有這 10%，便賺不到大錢，未能長期持有，主要原因是企業並不真正優秀或自身瞭解不足。

　　若果要對一間公司建立信念，深入調研是不二法則，並沒有捷徑。進行深入調研，除了盡量把握機會和公司管理層接觸外，還要閱讀很多有關公司資料及資訊，瞭解行業及競爭對手最新發展，分析公司業績、財務表現、前景及競爭格局，瞭解管理層及其爲公司持續創造價值的能力。深入調研所需時間當然不少，但是這樣才可以從中建立足夠信念，從而在波動市場中牢牢持有此股票一段長時間。

　　陪伴企業成長，無可避免需要面對股價波動性。但因爲所投資公司是經過深入調研才選出來的，已經很清楚自己能承擔的極限風險（沒有透徹理解根本很能有精準的壓力測試），但是仍需要忍受股價期間的波動性，甚至可能在一段時間內會跑輸大市。更甚者，當其股價跌太多並處於合理估值水準下，還要保持冷靜獨立性，考慮是否進一步加注。

我們鼓勵並且也是這樣做的，就是盡可能建立屬於自己的能力圈，中、港、美股市企業加起來不下數萬間，當中優質企業或投資機會多不勝數，但並不是所有優質增長股都是自己地解範圍之內，因此不要浪費時間留意那些自己在任何股價水準一定不會買入的股票，縱使其股價持續上升，不是所有股價表現好的股票也對自己有意義。

當中或會錯失了一些機會，但是錯過這些機會並不是錯，在自己的能力圈內經過深入調研發掘出來的優質增長股，才可以建立足夠信念，這是投資的基石！

投資之路永遠是孤獨的

陪伴優秀企業成長，利潤持續釋放是最甜蜜的一部分，投資回報數以倍計（個人經驗平均在 4-6 倍之間），但要做到眾人皆醉我獨醒，在人人都不再為企業鼓掌時，我們仍然堅信管理層的戰略眼光及執行力，創造出的具備護城河的商業模式，乃至業務規模逐步壯大，由量變到質變，需要時間，而這正是最考慮一個投資者的耐心，這條路無疑是孤獨的（還要時刻檢討自己哪裏錯了）。

有分析師以 40 年的標普 500 指數為例，假如在 1980 年投資了 1 萬元，到了 [illegible] 年倉位就值 100 萬元，40 年升幅 100 倍，平均每年回報 12%。但是如果投資者成了超級“燈神”，錯過了幾十年來 10 個升幅最大的“大奇跡日”，同一個倉位就只剩下了 46 萬元，平均每年回報跌至僅9.6%。所以投資大部分時間在等待……

一般而言，增長股生意愈做愈好，需時以季或年計，例如每年盈利能做到 25% 升幅，3 年盈利就倍增。但是攤開分成 4 季，每次按季升幅就只有 6%，再加上大部分行業都有季節性影響，由旺季到淡季，基本面再好的公司，也許盈利還是會有按季的負增長。

增長股往往要兩三年時間累積升幅。到了某時間點，對沖基金及其他短炒者不敢再造淡，要短期獲利的投資者亦賣得七七八八，市場上沒有了看淡的資金後，該股就會迎來一轉急升。

增長股的長期表現，往往有如樓梯，在同一區間徘徊一段時間後，突然抽升，然後就在下一個區間徘徊。長期持股，在乎的還是信念、信心。等待增長股落實計劃需要耐性。

的確，當大家都看不清某隻股票，甚至是該股票一直下跌的時候，什麼人還能堅持持有？以什麼心態持有？到了股價抽升那天，大家也許會記得我們這個持股，甚至會說幾句找到下一隻潛力股，一定要一起投資。但人本善忘，且天性多疑，最後，投資之路永遠還是孤獨的。

價值投資易學難精

由於股神巴菲特的成功，很多都對價值投資一法趨之若鶩，認為必然能令自己在投資事業上順風順水，達成發達之夢。殊不知十個實踐者九個失敗，問題不在股神，也不在方法上，而是實踐價值投資的確很難，似是而非的操作多數難有成果。

股神巴菲特是個很值得尊重的人，他無私傳授了很多重要投資法則，但要注意的是，實踐法則貴在認真和準確，世界上沒有那麼多蘋果公司或可口可樂等長青企業，股神老人家懂得眾裏尋它，千挑細選，學習者因各種理由，例如對能力圈、安全邊際、優秀管理層或商業模式等沒有深刻認知及理解，在急於求成下，看了幾份年報，有了一些角度的觀察，便理所當然地認爲是優秀企業，在錯誤的對象上運用股神心法，結果適得其反。

"永遠"是股神喜歡用來形容他對好公司的投資期限。巴郡組合中，六十年代第一次大手買入的美國運通以及 1988 年的重點投

資可口可樂等，都屬此類長相廝守股的代表作，前者陪伴股神大半

生，後于前仍未確位⋯⋯

在美國以外，類似可口可樂、美國運通及蘋果等能夠跨越時代的企業，極爲罕有。這是因爲二戰後美國國運亨通，這些企業在全球化下不斷擴大市場，才有如此長青的土壤。其次，美國公司營運的背景及價值觀，催生出很多以股東利益爲依歸，而且有情懷、有一流管治水平的管理層，這個要素，放諸世界各地並不容易複製。我們在中港市場打滾多年，這種管理層可謂鳳毛麟角。更多的是以自己利益爲依歸的自私之人。

大部分公司只能夠有一段風光日子，然後開始變得平凡，增長緩慢，更差的甚至會萎縮及沒落。股神也會遇到這種情況而止損，把不再覺得有足夠前景的投資剔除，例如富國銀行、IBM 與沃爾瑪。非常少數的公司配得上股神的投資無限期。富國鬧出管理醜聞，IBM 與沃爾瑪經歷巨大科技變化與激烈競爭。價值投資不鼓勵炒股，但並不代表一味靠坐。

要保持組合健康，其實股神會不斷觀察、審視，衡量是否需要拔除有問題的企業。通過檢測者可以繼續留低，不再及格者就拜拜，這才是股神的整體做法，"永遠"一詞只屬極少數的案例。可惜，多數投資者，多半未能狠下心腸，在需要時斷然抽身離開。這是人

性，可以理解，但同時也是成功投資必須跨過的坎。

把價值投資在香港或內地股市實踐，要更加認真，揀百之，更難。行業環境、地緣政治與政策變化之大，都是有別於美國的環境。

也許股神是一盞明燈，但明燈只能照亮明白人。一知半解反會被股神的智慧所累。股神本人都講明，"My wealth has come from a combination of living in America, some lucky genes, and compound interest."（我的財富來自生活在美國、一點幸運，和複利增長這一組合因素）。股神佳績，大部分來自美國這片投資土壤，雖然他有參與其他市場，動作相對不多。

在科技顛覆下的價值投資

過去，中國經濟處於粗放式增長期，優秀企業與資質平平的企業均能獲得良好發展。但在科技的顛覆下，尤其 ChatGPT 上市後，商業模式將不斷創新，各類企業的護城河隨之不再堅固，生命週期亦將越來越短。

傳統的價值投資，若以 DCF（自由現金流折現法）估值，理應對企業進行折價處理，然而我們可以看到目前許多優秀企業的估值並非便宜，而是～～～～～～～～～～～～～，在這種情況下，一味運用傳統的價值投資方法或許並不是最正確做法。並且，隨著生產力不斷先進，大者並不一定恒強，業態顛覆下中小企業亦可能突圍而出。從阿爾法的角度來看，價值投資並非易事。

　　但是，在科技進步與勞動生產率大幅提升之下，毋需過分悲觀看待全球通脹。通常而言，造成通脹包括物價上漲的因素之一是供需不平衡，一旦供需緩和，物價將迅速下降。例如，碳酸鋰鹽湖提鋰的成本僅幾萬元，但價格因短期供需失衡遠遠偏離價值，曾高至 60 萬元／噸；目前其價格已跌至十來萬元／噸，若供需恢復平衡，價格將迅猛回歸價值。

數十載實踐價值投資的感想

　　在投資的浩瀚海洋中，智慧的光芒是點點滴滴的累積成果，要建立起對市場的深刻洞察能力，我們對知識的渴求與積累，一方面來自廣泛的向前輩及同業們學習，可能是大量的閱讀書籍，也可能是深度的交流；另一方面則來自我們每天像小蜜蜂一樣的耕耘，在我們覆蓋的行業及個別企業，我們有著近於偏執的深挖精神，因此在醫療、生物科技、汽車、能源等都有比市場深刻的數據、資訊及知識理解及體會。

查理·芒格曾言："我這輩子遇到的聰明人，來自各行各業的聰明人，全部都是每天閱讀的人。巴菲特讀書之多，我讀書之多，可能會讓你感到吃驚。"這是對知識力量的肯定，我們也在努力實踐，只有掌握了市場沒有掌握的訊息，才能做出別人做不到的決策。

很多投資原則是不會因為時間而改變的。例如最聰明的投資就是從商業的角度來看待投資。又例如市場先生、安全邊際是在這個世界上致富所需要做的一切。市場先生說的實際上是對人性的生動描述，是歷史的視角。人們會繼續做蠢事。第一版的歷史感很好。歷史也許不會重演，但它是總是驚人的相似。

投資的難不始於今天，也必將延續明天，股市崩盤所遭受的沉重打擊，過去一百年有許許多多的投資大師都遭遇過，學習他們的心路歷程使我們找到安慰的同時，也能從中找到成長的契機。其中，無論何時，我們都要以非常理性的眼光遠視未來，不受任何情緒的影響。我們學習著從經濟下滑、股市連挫四年中的恐慌走出來，保持理性，不斷地問自己當下最正確的事情是做什麼。然後，我們慢慢地改變了思維，慢慢地調整倉位，對美好的未來踏踏實實地埋下種子，而不是純粹的夢想明天。

一家公司吸引股東的方式，就好比餐廳招攬客戶的方法一樣，

美食等，以吸引同一喜好的客戶群。若服務好、菜色佳、價錢公道，相信客戶會一再上門。然而餐廳卻不能時常變換其所強調的特色，一下是法式菜肴、一下又是外賣披薩，最後反而可能導致顧客的憤怒與失望。

投資中的最重要的事情在於，專注于那些可知的（knowable）和重要的（important）東西上。有很多東西是可知但不重要的（unimportant），我們可以忘掉這些。當然，容易犯的錯誤是被那些不可知（unknowable）但重要的東西所吸引。真正的訣竅是知道，哪些東西是可知和重要的，你可以集中精力去做。而真正的考驗是，如果你專注于那些可知和重要的東西，你能否克服那些不可知的東西。答案是肯定的，除非有什麼東西太難，以至於怎麼做都不會有太大改變。

買進從大量統計資料上看非常便宜的東西易於實踐，也易於教會別人，這方法是35歲以前實踐，有效但似乎不適合大資金。後來，不斷地理解資本回報率高而且可以不斷追加投資的企業是世界上最好的企業這個描述，並試圖實踐。

在中港市場，尤其是這幾年的經濟下坡路中，很多當年的好

企業，都沒能一直好下去⋯⋯假如我們展望未來10年或者20年，那麼很少有公司能稱得上安全，科技進步有時候給你帶來好處，有時候能令人賠得很慘。比起低估值、世界慣點的方法，追求偉大企業的投資實踐需要更多的商業經驗和洞察力。因此，我們有了團隊，而且把所有精力花在學習可知而重要的事上，不斷的學習商業模式、經驗，總結成功路徑，希望我們的洞察力能持續提升。

當我們對整個行業，尤其是公司有了一定的瞭解後，會發現，沒有什麼比先讀一些相關的資料，然後走出去，和競爭對手、客戶、供應商、前雇員、現在的雇員等進行交流更有意義的了。我們會學到很多。並且走出去調研應該是最後的20%或10%。

我們確實對許多行業和許多公司有累積的知識，但並非知道所有的知識。

投資者只有下功夫挖掘，才找得到有良好回報的投資機會。找機會和淘金一樣。

我不是天才。但我在某些領域有興趣，似乎也有高於平均的專注力，我就選擇待在這些地方。投資是生命中的一部分，通過投資，呈現自己生命的價值。這是我做投資、做企業的全部內涵。真正的技巧在於知道自己知道些什麼，以及自己不知道什麼。這與知道多

少無關，與我們是否能確定自己知道些什麼和不知道些什麼有關，

看到一些朋友，當逆緣來臨時，就認為某件事或某個人正在毀掉你的生活時，其實真正毀掉的那個人就是你自己。受害者心態會讓人崩潰。我有種毫無根據的樂觀主義，挫折對我而言像是反思和成長的營養，我總是覺得，最好的還沒到來，還有很多更有趣的事情會發生，堅定的願望和莫名奇妙的使命感一直支持著我。

願所有人都常遇良人好事，光明永伴。

第三章
投資心態與理念實踐

投資是一條易學難精的路，朋友詢問，實難以整理。投資教育很艱難，難在心的培植。年輕人就算肯入門，贏錢的話，隨時飄飄然自以為封神；輸錢卻會懷疑人生，失去鬥志。在過程中要不斷從旁觀察及適時輔導，不能隨便給予股票號碼便以為一勞永逸。重點是要讓人明白，投資雖然有跡可尋，但始終是確定性遊戲，有相當多控制以外的隨機元素左右結果，個別戰役的勝負並不重要，真正關鍵是如何在大數據理論中取得高於一半的勝率，簡單的說，就是以不錯的成績（而不是冠軍之姿）來跑完投資這場馬拉松。

以過來人的經驗，路還是靠自己摸索出來，不屈不撓屢敗屢戰的精神。像好友所說，高強度的訓練是必不可少的。控制個人可以控制的事，做力所能及的事，保持頭腦清醒，時刻不忘 critical thinking，懂得享受生命，這樣方為真正的贏家。

投資本質與情緒管理

投資不是隨機選擇。隨機選擇和賭博碰運氣無異。投資是一個大概率的遊戲，符合愈多實證投資論點才去買入公司，勝出的機率自然愈高。看公司基本因素出發是根本，不過也可以各施各法。

外圍環境會變，對基本面分析要與時並進。股神巴菲特，曾說因不懂看科技股而不買相關股份，其後在分析了多年公司年報後買入 IBM（IBM），多年後卻成為一個失敗的投資項目，到後來大舉買入 Apple（AAPL）才取得成功。他曾提過沒有早日發現 Amazon（AMZN）的可貴之處，以致錯失投資賺錢的大好機會。

投資是長期事件，理論上橫跨投資者的生命週期，動輒數以數年計，因此關鍵在於長期而言能有穩定表現，而非特定時間成為冠軍，但又在其後倒虧進去。長期投資就是包含很多對與錯，重申投資還是一個概率遊戲，所以提高勝出率才是成功的關鍵。

世界時刻在變，科技在各方各面已變得愈來愈重要，科技公司成長性較快，要跟貼時代的發展趨勢。我們要理清長期趨勢，亦要小心因一些短期趨勢而左搖右擺，怎樣拿捏長期還是短期影響不容易！

公司的盈利增長總是循序漸進，但股價就是喜歡大幅波動，好的時候特別好，壞的時候便很差。股市大幅波動，投資者總是丁頭萬緒。關鍵是我們要怎樣看清事物背後的真相。

假若不介意交易所關門三、五、七年，仍認為目標企業值得持有，這才算是真正有價值的生意。市場先生肯定是情緒化的，股價走勢不應該是最大的焦點。專注公司本身，公司業務、盈利能力才是決定股價最終及最有力的因素。

投資股票的本質是成為企業的合夥人，因此要挑選優秀的生意模式，出色的管理層，在合適（有一定安全邊際）的價格買入，然後靜待每年企業為我們帶來的現金流，這現金流足以令我們賺錢。理論上好企業的盈利會持續攀升，然後股價隨盈利增長而上升。虧錢，要麼是我們買得太貴，高股價透支未來增長潛力；或者是因波動虧錢，敵不過自己的貪婪和恐懼心魔。

在波動市況下，人們很容易受到影響，做出過激反應。但投資是一門孤獨玩意兒，我們最好一個人獨自待在房間，靜靜地想，靜靜地想。放下因股價而起的關注及情緒，專注研判企業的經營節奏，論證其商業模式的獨特之處，管理層的執行力等，從而理解企業的盈利會不會成長。要感恩股價波動給我們帶來反思的動力。

投資是金錢遊戲，與面子無關

當我們能把自尊與賺錢分開，亦即是從能接受自我錯誤開始，我們才有可能變成股市贏家。另外，適時止損及讓盈利滾存，就開始走上成功之路。很多人認為只要沒有賣掉都還沒輸，其實這只是欺騙自己，更甚的是部分人喜歡繼續加注已錄得虧損的倉位，內心總是渴望證明自己是對的，認為接受虧損及錯誤是不可原諒的事情。

對很多優秀交易員來說，勝率能達到六成已很不錯，重點永遠是贏的時候獲得的錢要比輸時候多，接受虧損是交易的一部分，投資是金錢遊戲，與面子無關。最重要的交易法則是防衛性要強，而不在於攻擊性，我們經常認為自己持有的倉位是錯誤的，這樣反而讓我們時不時反思，保持清醒。不要滿腦子只想著賺錢（假設自己是對的），而是要隨時注意保護自己已經擁有的東西，這就是巴菲特告訴我們不要虧損的邏輯之一。

保持平常心

投資決策切忌情緒化，不買怕跑輸，等市場稍為調整，又怕虧錢，急急忙忙地隨波逐流，不斷又買又賣，毫無章法。希望自己能保持平常心，投入合理的注碼，坐住一個核心持倉看長線增值，然後輔以一個短線組合，從中賺取合理利潤，降低長線死守的壓力。

其實最重要是毋忘初心，我們都希望透過投資賺取利潤，去達到其他目標，例如置業、提升生活質量。市況良好時，有些人隨隨便便得到數以倍計的利潤，早以完成原訂目標。那麼與其日夜思量，如何從市場走勢中捕捉牛熊轉變訊號，不如索性抽出部分利潤，放在一邊，穩步、逐步向目標邁進。否則一直輸輸贏贏，投資是無限之戰，等到股災又沒有安全撤離，可惜了。

作為基金經理，我們也不會一味地貪圖不能理解的利潤，穩步向上，創造財富固然重要，使大家都安心也很重要。在適當的時候，套出部分資金降低風險，可能會犧牲一些潛在利潤，但卻能達到長期穩健成長的目標。

投資成功有專業能力，也有時代際遇（運氣），每次能夠豐收都是相當幸運，不應該妄想可以一路長賺不休，所以難得可以用錢來圓夢，同時還可以順道降低操作的心理壓力，何樂而不為。心態好，自然狀態好，成果也會好。

同理心提升投資水準

孟子曰：“惻隱之心，人皆有之。”人容易對別人有同情心

（Sympathy），但有同理心（Empathy）的卻不多。看到別人的
難處而生同情，這很普遍。但會設身處地的換位思考，從別人的角
度考慮事情，這樣的人就不多了。學懂了應用同理心，不但能開啟
更好的人際關係，因為會少了指責、批評，多了包容、忍讓。同樣，
也可以提升投資調研的水準。

很多時候一種新的商業模式出現，大眾多會持否定態度，因為
大家都按照習慣來判斷，而沒有真正用消費者的角度（多、快、好、
省）來思考及學習。舉例，網購剛出現時，人們都認為很難取代實
體零售，因為行街買衫食飯已經流行了許多年。假若能切身體會按
一按便能買到心儀貨品，安坐家中外賣便快速送到，一切不是方便
快捷許多嗎？

又例如幾年前人們認為內地網購格局已經大局底定，但中國可
是一個擁有 14 億人的巨大市場，不同年齡、地域、收入的消費者，
都可以是一個足夠大的市場。中國有 9 億農民，從農民角度想，和
從城市人角度想，消費習慣可能已經大不一樣，此所以有後來拼多
多（PDD）發展起來的故事。

投資分析若缺乏同理心，只會分析公司，那麼出錯機會便大增。
相反有同理心，懂得從公司的競爭對手、員工、行業裏其他持份者
的角度考慮，懂得易身而處的從別人角度思考，便能更好的看清整

個局面，決策時更有把握。

對投機者來說，股票只是一種交易工具。但若是有同理心的投資者，則只會買一些有利潤之上追求、努力替社會創造價值的公司，不論是讓人們生活得更好、在科技上為人類帶來方便、在醫藥上讓人類更長壽，又或教育行業等。這也是我們基金比較偏重的信念，我們不投資賭博、殺害生命的行業。

論投資的戰略角度

我們投資組合的換手率相對較低，核心持倉沒有太大變動，因為優秀的企業實在不多。此外，我們希望在買入公司前，均是通過嚴密的調研和思考，盡力提升準繩度，避免因認知、邏輯認證、思考失誤而蒙受損失。

投資講求的是質量，調研質量、決策質量、執行質量。專注於少數高質量、具備一定份額的投資，便能帶來很不錯的回報。

這幾年來，個人及團隊研究方向更加專注，更加聚焦，主要集中在新經濟、新能源、消費、高端製造及醫藥板塊內，這些板塊的選擇很多，甚至要放棄行業部分公司的研究。事實上，要看清任何一個行業，均需要投入極長的時間，如果對行業研究不透徹，那是不可能理解公司的。

到了企業層面，我們需要深入認識其商業模式，看清其上游、下游、競爭對手及合作機構等情況，同時也要研究其產品或服務、創辦人背景、公司文化和激勵機制等眾多領域，這樣才可全面地對投資目標建立基礎的認識。記住，做完這些只是基本認知。

研究過程是不會結束的，買入後應持續研究，因為再好的行業或公司也會出現變化，不能以為一時的好就視作長期的好。因此，人的精力、時間、經歷都是受限的，不可能把所有行業都搞懂，如果要把每一個行業都看清，最終有機會是什麼也看不懂。因此，雖然 2023 年週期性、原材料等行業迎來一波超牛行情，但我們基本沒有參與，因為沒有看過，不懂的行業很難作戰略性投資。

我以股市老兵自詡，老兵不死，活著就是贏。投資真的與戰場相似，既要有長期正確的戰略（理念、大趨勢），也要在戰場中有好的戰術（進出時間、倉位調配等）。如果戰略不對，好的戰術運用起來也會事倍功半，更遑論最終獲得戰爭的勝利。我們傾向擁抱科技大趨勢就是一個戰略考慮，深信科技會改變生活、改變很多傳統的消費模式，同時科技公司很多時是天然的優質生意模式；消費和醫藥屬天花板高的行業，但相對要注意在市場形成壟斷時容易被政策監管。

聚焦賺自己能賺的錢

人生其實是由無數個選擇所造就，因此我們要善於觀察、思維以及抉擇。在投資路上，我們無時無刻不處於風險為先還是回報為先的兩難選擇之中，還要經常受到各種情緒所衍生的問題，例如希望零風險、無限回報的情緒式妄想；或者每次都能踩準節奏，熊市三期滿倉，牛市三期空倉。妄想，誰都有，要好好覺察。

當我們有很多選擇，我們其實是沒有能力搜集並處理所有訊息的，等於差不多沒有選擇。所以一般要有聚焦的方法。

所以要先找到自己的方向，定出風格，這是重中之重，這關乎人的思維習慣，一般人很難建立起兩套完整的投資思維邏輯。要麼快準狠，要麼細水長流。例如要選價值股還是成長股；要回報為主還是規避絕大部分風險每年 10% 回報為主、要用時間換金錢，還是金錢（允許有限度的波動）換時間，瞭解自己的性格再決定風格，便能夠真正作出選擇。沒有方向的人只會停步不前，失去自我的人更是亂中亂。

沒有厘清這一點，我們便會不斷投訴，抱怨自己老是錯過持續出現在眼前的各種機會，細心想一想，不具備相關能力圈，那麼再好的機會也與我們無關。若這樣想的話，其實很多機會不屬於我們。表面很多選擇不一定好事，做做減法，少才能專注，調整好心態，賺自己能賺的錢，做自己能做的事。

投資很有趣。有時覺得自己回報不錯，但別人的回報總是比自己好。買美股升了五成，買 Bitcoin 賺了二倍，好似自己做錯了什麼。但想深一層，沒有人會把不好的投資展示出來，光鮮的外表都是包裝挑選出來。事實上，投資成績和別人沒關係，我們只要用心盯著自己的組合。

投資分析就像一棵大樹，有一條主幹、幾條分枝和數不清的樹葉。摸索出主幹和主要分枝，留意那些重大影響變化便可以了，不需要花太多時間精力在那些日常消息上，好似哪個地區疫情創新高、歐洲通脹變化等。一棵樹有萬萬千千片樹葉，片片也不一樣，枯葉跌了又會生出新葉，天天忙這忙那，最後一定忙不過來。關心"主幹"便可以了。

打鐵還需自身硬，公司基本面才是我們最需要關注的，只要商業邏輯過硬，團隊執行力到位，把握好經營節奏，才是真正的投資之道。

股市生存原則在謙卑

投資就像馬拉松，時間久了，有人賺錢，有人賺不到錢。我們心裡要知道自己是否適合這個地方，重點在於確定自己把握了在股市生存原則沒有。這個原則，說來並不神秘，其中少不了一個正確的心態。

所謂的虧錢或者失敗並不可怕，怕的是輸了錢就覺得自己不適合投資，心態上已經輸了，沒有戰意。事實上，要真正做到成功投資，需要對調研有深刻而準確的把握，還要克服人性的種種不利於投資的特性，這些不一定能在書本上學習得了，而是要真真實實的從實戰中體會，總結經驗。因此，參與是第一條件，坦誠面對自己的失敗是第二條件。永遠保持謙卑的心態。

謙卑，是因為知道每個人都有不足，須持續擴闊眼界，接收新事物，與時並進；亦不可墨守成規，要不斷增長知識並完善投資方法。觀察世界在發生的事情，心無旁騖利用接收到的資訊做分析，細心消化所知所得，才可看到微小但重要的事情，分清真偽，逐步理出屬於自己的成功投資方法，從而成為真正的贏家。謙卑並不是失敗的標籤，而是開放的心態，進步的源頭。

投資並非追求熱鬧的地方，大部分時間其實都是寂寞的，懂得利用寂寞獨處的美好時光，並好好享受這份寂寞！

投資賺錢專業性高，盈利並非必然，需要各種付出及精準決策。對於價值投資者而言，只要企業的基本面不變，跌市並不可怕，反而是吸納平貨的好機會。

說來簡單，要妥善執行卻不容易。難就難在，如何判斷資產價值，並以合理的價格買入優質企業。難就難在，股價下跌一定有其背後因素，那這些邏輯是真是假要好好判斷，大多數情況下我們會受價格波動左右，判斷不了最後只能隨波（股價）逐流。假如決策搖擺不定，想法隨市況起伏不停改變，令投資變投機，最終還是難以成功。

當中要求的知識、經驗、正確調研方法及認真付出，以至心理質素，都需要長時間培養建立。往往在自覺洞悉市場之際，人便最容易一敗塗地。放下對預測未來的執著，承認無知，分散投資，方為最簡單有效的投資之道。

獨立思考，不宜隨風擺動

投資做久了，取得一定成績，像股神巴菲特或者股聖彼得·林奇等，被封神封聖，那是否只要跟著成功投資者的軌跡，自己跟著操作，就能賺到錢嗎？答案是否定的。投資者總希望有人能成為自己的指路人，但投資分析不能靠人，只能靠自己。

某個企業的股價上升了，我們要知道為什麼會上升，是因為公司的利潤在增加，還是各種籌碼的活動結果，市場力量的主導因素是什麼，基本面的定價審美觀在哪裏，都是需要清晰明白的。企業價值，就是未來現金流的現價折現是多少要知道，才能判斷股價是否便宜。企業本身業務強勁是王道。

什麼是好企業、好股票？"滬深港通"通了好幾年，國際資金追捧的，都是大型的白馬股，如白酒、家電、食品等。現在回看，內地散戶喜歡的小型股，升了又跌，搞來搞去沒有長線上升趨勢。白馬股卻是長升長有，為什麼？業務好，公司盈利長升長有是也。把精力用在研究長行業賽道、擁有優秀商業模式及管理層的企業，而不是不斷地追風捉影。

很多人很喜歡自己投資，也很喜歡參考一些投資大師的資訊，但從單一的資訊說某某人買了一個股票或者某一類股票，其實都是非常片面的資訊。

我們要考慮他們的身份地位，出於什麼目的買，買了多少，當中占他的投資比重是多少，他是怎樣表達的，等等。我們去解讀的時候要特別注意，不要因為某人買了或者某人賣了而選擇去買賣，不然就不存在獨立分析的角度了。

某個大師買了某個股票的資訊可以引發我們要不要買這個問題？但最後決定要不要買絕對不是因為某某大師買了。

資訊的解讀會因為是否全面而導致認知決定的不同，最後其實還是看基本面才是最真實的。

所以我們很反對跟風買賣股票。比如人家說一句買，可能意思只是投資組合裡面配置了少量的倉位，如果你解讀為人家很看好，把相對多的資金去買那個股票。如果股票升了，人家可能只是從組合管理的角度做對了，對資金進行了有效的部署；但萬一錯了，先不說錯到什麼程度，對整個組合的影響效果是完全不一樣的。

其實一個買賣決策會涉及很多層次：

第一，買多少。因為買 1%、10%、50% 或者全倉 100% 都是買；

第二，資金交易的性質。

有些股票的買賣純粹是交易的性質，不太會跟進基本面的變化。如果對了，到一定的位置就會止盈；不對的情況下，到一定位置就會止損。

而有些股票會考慮基本面，也允許有一定的錯判，比如買的時候已準備觀察幾個季度的業績，也就是持有至少幾個季度的時間。

以上兩者的資金部署性質是完全不一樣的。後者是一個相對的中長期，如果對了，還會加倉；如果錯了，就用基本面去證明是錯的。

思考和立場

有人認為未來是可預知的，亦有人信投資市場是隨機的。世事無常，哪來那麼多精准預測，未來有多個可能性，所謂預知其實是各種條件組合出的結果，有些可事前分析，有些靠直覺感知。人的思維模式太容易受情緒及習慣所左右，而情緒及習性又是因為我們關注眼前的得得失失，因此，以這個層面的來作為決策依據雖然簡便，卻是無效而危險的。太過受眼前影響，忘了見樹也要見林，容易以偏蓋全。不應受自己的壞習慣所製造的錯覺或"預告"後續發展，每次做了決策後反思自己的對錯及改正，才能慢慢糾正經過長年累月形成的壞習慣或偏見。

我們喜歡預測，很多時是因為懶得去思考。未來理應是有多種可能而不可預知，無數可能性經過時間論證後會愈來愈少，所以愈是接近愈容易把握，因變數漸減，也因此，我們應該邊走邊決策，不斷地反思與調整。勤於思考各種可能性及方案，勇於突破自己，尤其是找智囊團隊幫忙突破各種思維誤區及盲點。

一個人若沒有認真花數以年計的時間及相當心力去思考人生，很難建立自己的人生觀及信念架構。大多數人在表達立場時，會很大程度受到當下的情緒或遭遇所主宰。在資訊泛濫的現今社會，做人很難不受家人、親友、媒體所影響，只有認清這些影響的存在，生命才能較好地展現自主力。

在投資中，表達立場並不重要，結果才最重要，因此投資市場是英雄地，對的，站著；錯的，躺下。如果在這裡受到群眾影響分析或判斷，結果或會十分嚴重。我們以為是自己思考的結果，現實卻是他人提供的錯誤見解所衍生出來的錯誤世界觀／價值觀。所以不要看太多別人的意見分析，應留更多的空間給自己思考。獨立思考，目的就是要找出群眾所犯的毛病，看別人在不應轉方向時轉方向，找到最好的時機去出手，就能有機會成功。

接納更多不同可能性，並學懂及實習相關的投資投機操作，我們就可以在各類型市況中保持自我，不為別人或大市所動搖。

選擇適合自己的投資方法

人人都有不同的性格，而投資理論也千差萬別，適合甲的投資方法未必適合乙，因此首先是要找出適合自己的一套投資方式。

成功的方式有很多種，有人靠基本分析發掘潛力股，亦有人依據技術分析操作。最重要的是使用適合自己性格的方法，每個人的成長背景、理念、強項與弱項均不同，盲目跟隨別人的方式，很難重複別人的成功方程式。投資講求實踐，必須累積經驗才能把知識轉成理念，單靠看書學習理論是不夠的，正如要學懂游泳一樣，必須跳入泳池喝幾口水才可以。透過大量的嘗試（沒有捷徑）並反覆總結成功與失敗的經驗（高強度訓練），才可以找到真正適合自己的交易方式。

一些人以為很瞭解自己或認為已有豐富的投資經驗，其實他們可能作出的嘗試還未夠多，失敗帶來的傷害程度未夠深，又或者未能真正從錯誤之中汲取教訓，時刻記住我們努力與希望達到的成果還差得很遠。

投資與投機

買賣股票，基本可以分為"投資"或"投機"（定義不同，不

糾結各人的說法），若果模糊不清，左搖右擺，"投資"的股票變成
"投機"，"投機"的股票變成"投資"，策略混亂，註定失敗。"投
資"看的是公司本身，質素要好，前景要佳，估值要合理，股價短
線波動不是關注點，重點在於企業的長期成長及支持成長的邏輯。
"投機"主要捕捉股價短線變動帶來的機會，可以是氛圍、籌碼變
動，或純粹的技術走勢。此前美國制裁中資企業如中海油、中移動
等，就帶來了籌碼變動的投機機會。

　　無論"投資"或"投機"，也可以出現長期成功者，每個人都
應該找到一套適合自己性格的方法，有紀律去執行，保持謙卑心態，
並努力去持續完善。

　　投資優質增長股，或所謂的價值投資方法，是我們多年來堅守
及實踐的理念。重點在於以合理估值買入優質企業，陪伴企業成長
（持有），直至公司不再符合優質企業的條件，或股價已明顯高於估
值。有一個難點值得探討，若果手上優質企業的股價回落，我們真
的什麼也不用理會嗎？

　　在股價下跌時我們會更注重負面因素，會不斷懷疑公司是否仍
符合優質企業的條件，堅持是的話又擔心自己是固執己見，閉門造
車。這個難點並不容易解決，畢竟大環境不斷變化，企業能否適應
並持續發展，作為局外人根本難以掌握第一手資料。這時候更應該

借著這種心態認真研究企業的商業模式，長期的執行力等，藉以判斷眼前的利空是真的很差，還是情緒為我們帶來了機會。

投機與泡沫化大有關係。美國量寬時代碰著美國很多領了失業救濟金及遣散費的失業人士成為"股壇高手"，其時的美股有泡沫，可謂滿塘小魚，音樂椅還沒有完結，市場錢過多，雖然企業沒有增長或盈利空間，但股市依然是樂土，大家繼續發夢明天會更好。2020年開始的新時代要控制的風險有兩種，第一是實際存在的金融泡沫爆破風險，第二是因保守而忽略了機會的"風險"(Missing out risk)。

應變是投資勝敗關鍵

投資是一個充滿風險的活動，無論是股票、債券、房地產或其他類型的投資，都存在著不同程度的風險。面對這些風險，應變能力遠遠比預測能力重要，過於高估自己的預測能力而忽視應變能力及做好準備，往往才是最大風險所在。必須強調，人類是沒有預測能力（猜中只是運氣好），因此應該把焦點放在預先準備之上，亦即應對策略。

應變是指在面對困難、壓力或危機時，能夠適應和應對的能力。
在投資中，這意味著當市場波動、股價下跌或其他風險事件發生時，
投資者能夠冷靜思考，制定合適的應對策略，減少損失或甚至實現
收益。

以置業為例，當按息升至四五六厘能否應付，買入後樓價下跌
三四成會有什麼結果？只要做好足夠的思想及財務準備，就能大大
提升面對逆境時的應變能力，而不是在一片歌舞昇平時不顧一切高
位追貨，卻在人人對未來感到絕望時忍痛壯士斷臂（隨即見底）。

將資金分散投資於不同類型、不同行業、不同地區的產品或資
產，可以降低風險。因為不同的市場、行業或地區可能會受到不同
的風險影響。我們也要評估自己的風險承受能力，並制定風險控制
策略。在過往很長時間裡，我們看到過漠視風險的人，隨意放大槓
桿，結果一敗塗地時連翻身的機會都沒有。《反脆弱》一書所提倡
的啞鈴投資法，也是一個很好應對危機的策略。

多算勝，少算敗，在出手前先盡量把一切可能性思考清楚，並
制定相應的對策。然後不管面對什麼樣的變故，都應該保持冷靜，
不受情緒的影響，避免做出過於激烈或草率的投資決策。應變能力
不僅在投資中非常重要，在生活和工作中也同樣重要。一個具有良
好應變能力的人，能夠更好地應對各種困難和挑戰，取得更大的成

功和成就。我們應該注重自己的應變能力的提升，而不是誤信任何人的預判。

資產配置要因應改變

"歷史不會重複，但總是驚人地相似。"以史鑑今，探索每一次危機的成因及市場如何復甦，帶著獨立思考的腦袋歸納原因，是投資者必做的功課。

以往 60% 股票、40% 債券的 "60/40 投資組合"，被譽為退休投資組合之選，原意是藉著股票和債券價格走勢的負相關性，在風險與報酬之間取得平衡點。

在一般情況下，這個投資組合對中等風險偏好程度的投資者來說，的確有助分散風險，但隨著全球滯脹風險明顯增加，環球出現大範圍股債雙殺，60/40 投資組合下跌幅度不少。有永恆組合之稱的 Risk parity portfolio，最近兩年亦是慘敗，從中多少見到，投資想一本通書讀到老，只是一廂情願的幻想而已。

投資從來是專業行為，只看到表面經濟狀況，執著非牛即熊的人、人云亦云而不思考市場邏輯，又或者等冧巴的散戶，長遠很難在股市中存活。要學會面對不同環境，資產配置要因應改變。

實踐和底線思維

世事無常，一切盡在變化之中，要成功，在於怎樣應對這個"變"字，這是生存之道，亦是投資成功關鍵。要應變得宜，先要清晰認知當下情況，瞭解主客觀狀態，然後分析趨勢將向何處發展，最後是令自身配合、融入這種趨勢中。

實踐很重要，不能學到太死板不懂變通，否則成了理論專家，到了實戰時差強人意。人亦一樣，我們填鴨教育多年，一出社會不少"半精英學生"變成工作白癡，皆因 20 多年來的生活也是有完美答案，又有過去的考題可以練，再加上追 100 分就是人生的全部，如果突然告知考題及答案會隨著客人或老闆不斷變化，習慣了完美的高材生就可能適應不了了。很多教金融學的教授的投資成績並不出色，原因也在於此。

總結來說，在投資上應變就要事前多準備，才能在訊號出現時立即反應，這一點在變得太快的時代愈來愈難做。在學習新投資工具如虛擬幣時，要有底線思維：凡是沒有實際現金流產生的都是投機而非投資，不能對人或社會有實際幫助的遲早泡沫爆破。因為我們有時會亂信錯誤的概念，並用一大堆似是而非的術語令自己入局，最後不能快速應轉變或根本不想變而清袋。虛擬幣如此，元宇宙亦如此，何妨再等等，多看看。

有智慧遠比高智商重要

投資者的智商大多接近，但大多數人不喜歡過多思考，因為消耗比較大而且感覺效率低，其結果自然是容易受到市場的教訓，人生當中，有智慧遠比高智商重要得多，投資也是這樣。要知道，變幻才是本質，要懂得放開懷抱及眼界，接受未來的不同可能性。單靠慣性思維決策很難應對變化。

時間影響所有投資的因素，隨著時間推移，低位密集區時間愈長，未來上升機率愈高，高位密集區愈久，下跌機率也愈大。互聯網時代來臨，就港股而言，現在市場的變化比起 20 年前快得多，由資金堆積出來的長、中、短趨勢，所謂長線的很少超過一年，中線的頂多三個月，短線則可能不足兩星期，這是對板塊輪動及個股升跌的時間觀，價值投資趨勢不是由資金堆砌出來，不在此列。

任何一個時間週期的分析也是要因應這些準則去判斷出不出手，當然作為一個人是會有情緒的，就算客觀決定正確，但內心不接受便會在投資期間飽受煎熬，所以不確定的決定便要相對短線或不作行動，否則很易令自己短炒變長期投資，長線受苦或與真正的自己背道而馳。

坦然面對現實

2020年開始，大環境逆轉，身處金融業的一班老友，感受尤深，互訴關懷之情。逆境其實不可怕，只要坦然面對現實，從而毅然調整對策，積極地想方設法克服挑戰，未嘗沒有機會扭轉頹勢；怕就怕盲目樂觀與一味唱好，妄想靜待雨過必定天晴，反而自陷於更大危機。有老友收入大減九成，指出設定的五個安全墊有四個被擊破，直言從沒想過情況會去到設想中最差的境地。

事實上，無論政府或個人都有盲點，沒有人瞭解所有事情，需要以批判的方式打開盲點，對時代的變化及內心的認知，要有一套機制作調整。設立智囊團隊，要有智囊扮演反對派，協助全面檢視認知、決策和執行計劃的效果，堵塞漏洞，優化施政質素。無疑逆耳忠言，但事實擺在眼前，股市每愈況下，樓市萎靡不振，噩夢恐怕往後數年也縈迴不去，要是墨守成規不謀應變，隨時返魂乏術。

亦要有智囊扮演鼓勵角色，在逆境下，輸人不輸陣，重要的是贏得最後的勝利，而這需要堅毅的意志及對未來抱有希望。一輪折騰下來，我們終於走向光明。夥伴的歡呼與互相鼓勵不時響起，這是人生不可或缺的價值部分。

專業投資者的成長之路

投資本屬多變，很難有一個標準去確定哪一個方法最好，總結多年學習，理論不妨多學習，再在實戰中整理出適合自己操作的原則，理論與實踐互相推動，常常保持謙卑的心態學習，再用實踐來印證，令自己時時處於進步的狀態。

學習不能一步登天，最少要花 1 年學習基礎知識，大約 3 年建立實戰基礎，用 10 年把自己變成獨當一面的投資者，15-20 年左右成為資深投資者。老友告知（個人非這門派），要學習短線交易，則最少以 6-7 年作實習期，加起來 10 年經驗和有數以千計的交易數量才可成為獨當一面的投資投機者；若是純投資者則需要 15-20 年來累積經驗，因為成交紀錄相對較少的人成功與失敗很靠運氣，理性上沒有超過 100 個數據（交易次數）也不能應用作合理的統計。穩健成長所必須的客觀條件，沒有經歷過兩三次大小型牛熊市，算不上能夠自立。

別忘記自己才是最大的財富，不要因為自己過去讀過什麼書或工作經驗便限制自己的未來，多提升自己的實務知識，花時間找與興趣有關又在未來能夠成潮流的領域去鑽研。無意義的工作是要有限度的，過多會令歲月空過，留下遺憾。

知己知彼的良性循環

世事既有美好，亦有困厄。經商也好，投資也罷，不論經濟或市場在高位還是低位，都會有這樣那樣的壞消息，彷彿前景都是危險的。一個百歲老人，100 年來，經歷了兩次世界大戰、三次石油危機、N 次經濟危機，但股市還是不斷升高（美股而言，港股或迷失 40 年的日股則有點無奈）。因此要麼承認自己不適合投資，要麼努力適應環境而令自己持續進步。

投資一半是學習能力，另一半則是堅定的心力，這不是說如枯木頑石般沒有感覺，而是明白自己的決定，知道自己買的是什麼，理解股市短期波動難以完全掌握。要作出優秀投資選擇，條件其實不多，分別是：

1）自己能明白（能力圈是至關重要）；

2）卓越的生意模式；

3）可靠的管理層；

4）吸引的價格（這是安全邊際）。

認真問問自己，我們的投資選擇能滿足這些條件嗎？其中第一項是知己，餘下三項是知彼。大部分其實容易隨著市場主題而轉，沒有真正知道自己的強項在哪裏，更大問題是對此毫無認知，還當自己是股票專家。承認無知與不足是我經常作出的一種表達。

有一定認知後，我們還要努力學習各種經濟發展及變化，從中找到一定趨勢，並找出當中最能把握趨勢的企業，瞭解管理層是必要條件，最後再在市場未充份反映時把握機會買入持有，靜待價值實現。對於過程中的市場噪音，我們又要有堅定的心力，這又回到再問一次自己是否真正做到知己知彼了。

換位思考改善投資

俗語有云："三個臭皮匠勝過一個諸葛亮。"意即你再聰明也可以輸給多人合併的思維，這句話當然過於簡化，但方向上也有道理。無論我們再聰明，也會因為自己的個人立場及經驗而產生偏見，令思維變得狹窄，甚至鑽牛角尖後不能自拔。因此，一個常用改善方法是"換位思考"，用其他角度審視自己的觀點，以此改變固化思維的影響。另一個方法就是建立強大的智囊隊（軍師）及聆聽世界意見的態度。

所謂客觀，就是多個主觀的整合或總和，若果能夠拿取多個主觀分析各自的優點或強項來集大成，就有機會解決很多原先想不通的問題。集思廣益是其中一個增加思維角度的方法，我們可以去請教別人，這些人不一定是投資者或金融業人士，有時當局者迷，非本行人士反而能從另一角度看清事情。

當我們多次用同一方法達不到投資目標，例如低位掃貨但跌破支持位，那就置換一個淡友角度去分析所謂"低位"的買入時機，可能會發現其實"下降趨勢仍持續，若自己持有淡倉未必會止賺"，即好友也不應在這個時候買入。

我們有時有了閒錢，可能就會找當下其實並不存在的機會，懂得愈多招式愈容易找藉口演繹市場或個股走勢來胡亂入貨。簡單地換個角度就可能解決我們多年想不通的問題。準備一個清單："有錢人""窮人""樂觀人""悲觀人""十年後的我""機械人的我""男性""女性"等人格，代入不同思維模式看待同一個當下。或者可以準備某位名人（例如巴菲特）或朋友的人格，又或是某故事的主角等，甚至虛構小說的故事人物，記下他們成功的地方、思考模式及相關優點，在換位思考時嘗試代入。（上述這種方法衍化自六頂帽子思考法。）

要達到一定效果，這種思考方式需要花點時間適應，堅持每週做市場總結時做一次，日子有功，觀點與角度應會變得稍為客觀及全面。要達到更佳效果，要培養良好的觀察力，留意別人的優點及事物的重點。隨著 AI 的發展，關於這種方法的代入可以用人工智慧替代，效果應該很不錯。

務實地投資與生活

生活和投資，腳踏實地地前進，或許不會讓人一朝發達，但卻能走得很遠，且安心。生活智慧如何保護我們的投資，重點理念是以務實的方法求存，很多時候比起一些虛幻的推理或似是而非的分析（隨便的臆測）更踏實。不過踏實不代表賺得多，有些人擅長賭博，連假升假跌市況都能捕捉，但他們須承擔更大的風險，理應不是我們要走的方向。

無論聽上去有多吸引或多少人支持，只要以生活角度而言不合常理，就可果斷拒絕納入投資組合。以虛擬貨幣為例，既不能拿去超市買菜，又不被大部分政府認同，與現實生活就是無關。現在金融市場有期指、期權、期油等眾多選擇，根本不需要分心在多一樣投機工具。

投資要有自己的原則，由個人出發，是對生活遇過的種種事情深思熟慮後累積的人生觀及信念所形成。任何真正稱得上投資的必須產生現金流，即是有盈利後有息收，最好是實際對社會有幫助，能直接滿足人的衣食住行基本需求，以上條件若全部皆否，理應直接當是概念，屬投機行為。

投機，分別有"投時機"或"投機會"，比起投資來說感覺是相對短線（但沒有準則），投資多少會包含投機，但投機則可與投資完全無關。黃金及虛擬貨幣是投機而非投資，石油算是相對"踏實"的投機，因為石油始終在現實上是社會運作的必需品，但因沒有現金流產生所以定義為投機。盡量是能用通俗易懂的解釋的方法去投資及生活。

要遠離過多術語的投資及分析。複雜的科學架構當然要複雜的解說，但連最基本的理念或用處也過於複雜，大多數是有問題的系統或投資。歷來不同的經濟泡沫高峰時期也有一大堆人說著非人話，例如牛頭角順嫂隨口說某某東西是好投資機會，問她邏輯是什麼，就回答說"總之會賺錢啦"，明顯就不知道是在買什麼。

用過多術語及縮寫來表達理應簡單事情的人，根本是不想讓人明白（或是言說者本身也不知道），這類分析大多是超脫現實所以難以理解，亦即是用不著，亦可能是對方根本是有意在挖坑，引我們亂跳進去後他自己賺一筆。留意"複雜"也是相對的定義，若果我們事事不去瞭解，那別人的簡單也是複雜，所以要先裝備自己，有略高於平均值的知識及理解能力。

淺談投資心法

　　我在投資的世界摸爬滾打已超過 30 年了，一步一腳印，混混噩噩地經歷 1997 年亞洲金融風暴、2000 年科網泡沫、感受 2003 年的沙士衝擊、到後來直然面對 2008 年全球金融海嘯，以及 2015 年 A 股大時代，到 2020 年至今的風風雨雨。感到幸運的是，今天，我還可以思考什麼是成功的投資之道。

　　現在，我很相信思考未來，投資未來這個理念。意思就是經常思考未來十年人類社會會變成怎樣，我們身處的世界會有什麼變化，進而投資並陪伴優質增長型公司，而這個其實才是多年來大部分股票市場贏家的核心思維，無論是股神巴菲特，還是其他投資大師，盡皆如是。

　　有的人會憑著市場氛圍決定買賣，或者覺得可以掌握到股價短期波動的韻律，這種操作不是我們堅持的，因為難度高而變數大，運氣成份不少。或者換個角度說，我們不具備這種能力。

　　時間永遠是優秀生意的朋友。對所投資的公司有透徹的理解，盡可能的學習其商業模式、企業文化及管理層能力及品德，如果相信公司符合增長條件且股價合理，則要麼堅定買入，要麼堅定持有，不應受到短期股價波動的影響而沽出股票。

　　再優秀的企業，也切記高價位買入，因為我們應當避免浪費時間價值，換言之，盡可能的以合理價格買進優秀企業，因此我們需要懂得找出企業的合理估值，並在有一定的安全邊際下購買。

　　最後，即便是增長股，即便企業方方面面都很優秀，股市畢竟是由人而組成的，必然會有恐慌和貪婪的情緒，因此股價也不會只升不跌，持有一間公司的信心，並非源自其股價上升，而是其業績如預期般持續增長；同樣道理，股價下跌可以引起我們的反思，但不應該是我們對企業失去信心的理由。決定買入或賣出一間公司，不是因股價升跌多少，而是應該看其股價離估值的距離，或此公司是否仍符合優質增長股的條件。

　　做任何事情，能夠成體系地觀察、思考與總結幾乎是最重要的，這就像武功有招式還是其次，心法才是關鍵。投資亦復如是。要明白投資是孤獨的馬拉松之路，只有在不斷自我反省總結中成長，才能走到最後。我們要時常分析自己的風險承受能力，投資目標，和應用的投資策略是否對稱。不要盲目跟風，也不要貪心或恐懼。

　　查理·芒格是律師出身，為投資界公認罕見通才，他經常強調"心智模式"（Mental Model），就是大腦做決定時所使用的工具箱。工具箱裏工具愈多，就更有可能做出正確決定。說的就是涵蓋歷史、心理、數學、工程、科學、統計、經濟學等多領域知識。掌握這種全面分析方法，就可能達到芒格所說"魯拉帕路薩效應"（Lollapalooza Effect）境界。最重要的地方，是芒格面對"投資是很複雜"這件事，嘗試盡力從最多角度去分析自己投資決定是否正確，一反坊間"投資很簡單"這些補習班口號式思維。

芒格另一個思維特色，就是極其嚴謹的批判性思考。他總會先嘗試否定巴菲特的想法，二人從正反角度分析，最後反覆推敲出投資決定。

他著重"反過來想"，就是盡力思考避開自己可能失敗的做法。他有句名言是"如果我知道我會死在哪裏，那我將一輩子不去那個地方。"事實上投資長期而言就是"輸家的遊戲"，犯錯最少的人才能贏得比賽，經歷過最近四年港股的折磨，仍有幾多勇者仍在戰場之上？長遠的視野很重要，不要被短期的波動所影響。投資是一個持續的過程，不是一次性的行為。要有耐心和信心，堅持自己的投資計劃。

到今天還在市場中的人，都已體會到在變幻莫測的市場面前要保持謙虛，明白到交易犯錯是難以避免，最重要能從錯誤中學習。要有自我修正的能力，不要執迷不悟。投資環境和市場情況是變化無常的，要隨時關注和評估自己的投資績效和風險。如果發現自己的投資決策有錯誤或不適合，要及時調整和改進。

總而言之，投資是一門需要不斷學習和更新知識的領域，要保持好奇和開放的心態，從別人和自己的成功和失敗中吸取教訓和經驗。

投資是一場無限遊戲

人生也好、投資也罷，都是一場無限遊戲，是一場馬拉松，即長期而持續的過程，重點在於過程，不要把眼前的過程看作最終的結果，在蓋棺定論之前，我們唯一要做的就是把當下的事情處理好。

勝敗乃兵家常事，眼前的輸贏，太在意結果沒有幫助，而是要從過程中學習，不斷反省進步。把視覺拉長（放遠）眼光，世事的出現無非概率，我們不能控制少頻率交易的結果，但可持續改善投資系統，令勝率或賠率向自己傾斜，以戰養戰，長期取得優秀回報。

心態決定境界。宜細心觀察自己的情緒。是平常心？抑或受恐懼或貪婪驅使？這往往能預示交易的結果。想贏、怕輸，都會影響理性判斷，令決定偏離客觀分析框架。投資系統的核心，是一套客觀的分析框架。一次半次的分析是對是錯，並不重要。重要的是穩定一致，確保每一個投資決定都有根有據，以防止自己在自由買賣的市場上任意妄為。

第四章
提升決策能力和組合管理思維

　　決策的難度在於我們要在確定與不確定的訊息之中作出選擇，在風險與回報中作出平衡，從而在未來賺到錢。已確定的訊號很可能在市場價格上反映了，不確定訊號則可能最能幫我們獲利，當然，認知與情緒亦是令股價波動的重要因素。不確定意味著風險，這又返回平衡風險與回報的問題。要追求確定，只能在能力圈內做到盡善盡美，像芒格說的跨學科融會貫通，要瞭解人性、利害關係、因果及邏輯等，所以投資決策總是那麼困難。

　　有時我們錯過一些重要訊息的原因在於太過冒進，急於確定一些事情，或是習慣了畫地自牢，未能掌握新的關鍵訊息。由事實到判斷，我們要注意過快地過渡；保持客觀與中性，在足夠瞭解事實，思考背後因果後，才作判斷。但太多人常常以慣性或情緒去評論一件事。認知出錯，判斷自然不會準確，決策更談不上策略了。

101

有些朋友就算不清楚一件事，也會說是知道及瞭解，並相當自信地發表大量錯誤意見；另一些朋友則會說該範圍不屬於自己的專門，也會提出一些意見但表明並不準確。知之為知之，不知為不知，這種態度不論投資還是人生都十分重要。

決斷力與執行力

投資市場有風險，經歷過多次高低跌宕後，我們可以總結出一些有用原則。對很多朋友來說，算得上是老生常談，首先，要挑選優質企業；其次，以合理價格買入這些優質企業；最後，維持紀律、信念。這些原則可以在不同市場週期有效地為投資組合帶來穩健回報。

要應對未來的不確定性，最佳方式就是買入優質企業。因為最佳企業在不同情況下都會展現其增長動力，在順境時不消說，在逆境時因有強大護城河所受衝擊亦會較小，有的甚至可以發揮反脆弱的特性。

如何判斷一間公司的質素？定性比定量更重要，但一般定量可以是起步點，一間優質企業的最明顯特徵是股本回報率（Return

on Equity, ROE）夠高，其他定量方式可以用CANSLIM法則（參考如何選擇成長股／笑傲股市）對標。至於定性，我們最著重管理層團隊分析，其次是行業、行業格局、商業模式、企業地位、企業文化及機制等方面著手，以此希望在長期陪伴中享受企業發展的成果。

投資優質企業固然重要，在哪個水準又或是在什麼時機買入這些優質企業，安全邊際也是非常重要。高質素企業總是伴隨著合理（有時可能顯得昂貴）的估值，除非大股災下才會出現市場錯價，但這時我們同樣也應該上了船，以絕對便宜估值買入優質企業顯得太不現實，或者需要一些運氣，芒格的說法比較貼地：以合理價格買入優質公司。

最後就是保持理性及信念，市場是一個高效率反映情況的地方，每當恐慌充斥，到處都是負面報導的時候，負面因素可能已經絕大部分地被市場反映，因此，當市場充斥極端恐慌時，別被悲觀情緒所影響；同理，當市場氣氛熾熱時，亦別陷進去難以自拔。

有時候投資最大的敵人是自己，很多人會在順週期時堅守紀律，但當面對逆境時，往往會作出錯誤的判斷。認真去調研組合中的每一個企業，適當分配倉位並堅持信念，最終會比較容易獲取平均收益以上的回報。

勇於糾錯才能進步

做價值投資就是發掘優秀偉大的公司並陪伴公司成長，在公司沒有出現內部結構性或者外部經營環境根本變化的情況下，陪伴它一直成長下去。但如果基本面發生了變化，原來的價值邏輯就有可能支離破碎。如果不去糾錯，就會很痛苦。比如說疫情，任何公司原來都不會規劃有疫情的經營環境的，現在有疫情了，而且持續時間愈來愈長，原有的經營環境就被破壞掉了。像航空旅遊公司的整個運營邏輯就徹底不一樣了。

還有一個很經典的案例，近年來香港經濟受到多方面刺激，包括中國經濟增長放緩、東西方橋樑作用減弱、人口老化及大量中產外移、消費降級及北上消費等。這些經營環境的變化導致很多香港公司面對前所未有的挑戰，衣、食、住、行乃至各行各業都面對重重衝擊，這就是典型的基本面發生變化了。

在市場情緒氛圍下，有時候並不知道股票的合理估值在哪裏，只能知道它的相對和絕對低估值在什麼位置。因為市場參與者眾多，大家關注點又不一樣，有人會關注更短期的業績，有人會關注這個估值下的利息高低，再看它的估值合不合理，各種各樣的投資者參與下，彙聚成現時的股價表現。

　　那我們在用什麼理念，或者信念來陪伴這個公司呢？這是需要不斷地去拷問和敲打自己的問題。我們不是神，只能不斷地深入研究、分析，不斷地努力，不斷地學習。而且每個人的觀察跟分析都不全面，這一點必須認知且打從心底裡承認。那就是為什麼不能全倉的原因，這個很重要。

　　所謂實踐價值投資，並不是說每次出手都是準確的。有時是不準確（看錯了），有時是進入的時間有偏差。第一種不準確就是徹底失敗，不但浪費了時間，還虧損了本金。第二種不準確還能追回來，但是也搭上了時間成本和機會成本。

　　分析本身就有可能出現一個對的或錯的結果，這是本質。如果錯了，應該不斷地去認知自己在哪裡錯了，有沒有能力改過來，是在時間上的錯，還是理念上的錯，還是分析方法的問題。好比說本來應該看利潤效率的提升的，卻看了收入的增長。

　　要接受自己犯錯，絕對不能覺得自己不會犯錯。我們從來不認為自己一定是對的，這才是真正的負責任。作為一個客觀理性的投資者，在資產能夠長期增值的前提下，允許跟接受一定範圍的犯錯，這才是正常的。而且錯誤是成功的基礎，沒有糾錯怎麼進步，怎麼讓分析更到位？投資分析的能力是通過千錘百煉提升的。

我從來不相信會有少年股神這樣的人存在。任何人都不要驕傲，只能謙虛地去實踐有效理念或者方法，到最後都是通過千錘百煉才能走出來。如果不願意接受錘鍊，就等於停留在半途之中，就跟成功無緣。有個好朋友的分享很到位，這種千錘百煉，實際就像是在地獄裡活下來的人一樣。有點嚇人，但也算得上一句驚醒的句子。

我們在堅持的是什麼？堅持的就是在理念上的認知，在實踐上的準確，在方法上的反復論證；然後不斷地去調整自己，優化自己，不要讓自己死在半路。只要不死就肯定會成功！

付諸行動才能實現價值

一個人處事果斷，那是擁有良好的心理素質，也是意志堅強的表現。處事果斷的人，在遇到緊急情況的時候，能夠當機立斷，善於抓住時機不遲疑地採取措施和行動。《史記·淮陰侯列傳》中說："騏驥之跼躅，不如駑馬之安步。"這句話是蒯通遊說韓信時的勸言。意思是說，駿馬徘徊不前，其結果還不如劣馬穩步向前。明知事情應該怎樣去做，但是決定了又不去執行，這是禍根。任何道理、理念、信念要顯現其價值，只能付諸行動！

執行力在我們日常生活和工作中經常發生。工作上，人事和業務兩大範疇特別要注意。人事上，網上盛傳稻盛和夫這樣說過：我們不可以改變一個成年人的工作方式及能力，我們應該做的是選擇。因此，當公司聘請了不合適的人時，應該當機立斷作出取捨。這也是試用期最合式的使用方法。

作為企業，我們有時需要去開拓新產品或市場，當構想和研發新項目時，注意資源的投放與產出預期，人力和金錢都不斷投入，但市場明顯改變了，這時便可能要止蝕離場。同樣道理，在投資上，我們什麼時候應該離場呢？通常有兩個情況，第一是價格充份反映了價值。第二是我們發現自己對公司的理解及判斷錯了。兩種情況都應該果斷撤出。

清晰每個持倉的動機

著名對沖基金經理、技術分析大師瓊斯（Paul Tudor Jones）多年前已忠告投資者，任何資產價格收市失守 200 天線，就應該果斷平掉長倉。不過，股神巴菲特和他的老拍檔芒格都強調，長線持有才能享受（股票）複式增值的好處，芒格更明言："複式的第一條守則就是切勿作出不必要的幹擾。(The first rule of compounding is never interrupt it unnecessarily.）"

若先行清倉或大幅減持，等到大市完成調整再買入，利潤肯定比長線持有更豐厚。問題是正如資產管理公司 Oaktree Capital 創辦人馬克斯（Howard Marks）所說，最大的投資失誤並非來自資訊或分析，而是心理因素（The biggest investing error comes not from factors that are informational or analytical, but from those that are psychological），相信絕大多數投資者都難以準確捕捉這波調整浪何時見底，更別說克服 bias（偏見）心理重新入市。

最重要是保持什麼心態應對股市。我們的想法是清晰每個持倉的動機，關於核心價值投資當然是持續反覆地驗證，這部分輕易不作調倉，其他倉位原本以較分散的狀態出現，則應該檢測持倉邏輯是否仍然存在。

投資銀行最常給出的投資評級有三個：買入、持有和沽售。但細思，其實只有買入和沽售兩個選擇，所謂持有，其實等於買入，這個道理不難理解。

投資追求的是購買力的成長。因此投資考慮的是現水準股票、現金哪種更吸引。持有股票，就是說現水準股票更吸引。既然選擇

108

了股票，那即代表投資者願意在這水準買入，故持有等於買入。同理，當我們認同某家企業，買入後一直持有，儘管升到很高，還是選擇繼續持有，不願意沽售，那其實也代表我們願意在這水準買入（否則應該沽出變回現金）。持有等於買入。

持有現金時，投資選項是買什麼。買了股票後，選擇變成了要怎樣處理手中股份。但換個角度看，想法便可能大不一樣。股價升跌往往牽動我們情緒，造成對錯假像使我們作出錯誤選擇。下跌時人們通常感到擔憂。但假若你同意持有便等於買入，不是老想著賣，而是問自己願意在這水準買入嗎？因此必須對企業有深入認識，知道跌了代表更有價值，而不是否定自己的原來看法。相反如果能夠輕易否定的，那一定不是基於價值分析的角度。因此願意在這水準吸納，便不用對手中持股有太多疑慮。

假若股價跌了引致我們很想賣出，那麼答案便很簡單。要麼我們並不瞭解這家企業，決策基礎完全由股價主導，又或太瞭解這家企業，即使跌了也覺得貴。例如匯控創出 25 年新低，許多投資者都持有，不願意止蝕，主要是心存僥倖，認為沒有實現虧損不算虧損，於是一直持有。相反，用持有便等於買入的角度看，我們會不會在這水準買銀行股，邏輯是什麼？如果我們找不到支持自己買入的理由，那麼便該直接沽售（而不是苟且下去）。

股份上漲，大部分人感到興奮。但從持有便等於買入的角度看，**我們應該想現在到底該買還是賣。**假若相信一家公司 10 年後可以升至 100 元，現在是 10 元，那麼盡管它過去一年從 3 元升至 10 元，理性上我們大概仍是願意買入。如果你選擇買入，而不是持有現金，那麼持有便直接等於買入。難就難在，由 3 元升至 10 元，未來增長的確定性出現變化，價格上升了而價值卻非絕對數值，這是分析員存在的價值，持續地跟進瞭解公司，確認其價值。

大部分時間，好公司都不要輕易賣掉，因為賣了就很難買回來。盡量從長期角度看，從管理層、行業規模、企業行業地位、長期增長邏輯等角度分析，決策會更有紮實基礎些。

世上許多事都是顯而易見的，關鍵是你有沒有直視真實的勇氣而已，由真正的理性角度出發而非受不易發現的偽理性（真情緒）所左右，所有常識理解不了的，還是少碰為妙。

突破利益偏差

市場每天都在升升跌跌，可謂千變萬化，關於主流觀點或分析，則時準時不準，這不一定是分析有誤，一來分析、決策存在很多認知偏差，二來利益也往往左右判斷，不論所引資料多具參考性，有傾向就有偏愛，難以做到客觀中肯。

任何分析最終都要得出結論（注意不是預測），分析是否具有價值，取決於充分考慮與潛在利益對立的觀點後，能否得出帶傾向性又不失客觀的結論。知易行難，只要有"倉位"在手，視乎押注方向，都會優先考慮對倉位有利的市場證據，同時降低相對不利訊息的重要性。如何規避這種利益偏差？很難，但需要突破。一個方法是每次都以行動抹殺持倉的影響力，例如大量持倉時，當有新訊息進來時，先行沽貨，這時便能保持相對平衡的利益側重。

決定一個股票市場走勢的因素，短期而言，情緒較基本面大得多。於是多了很多交易性行為，深怕不獲取眼前利潤便什麼也沒有，這種操作的缺點是一旦變成習慣後，就會聚焦短線，放棄大趨勢。絕大部分有幾十年經歷的資深投資者仍未能步入財務自由狀態，主要原因在此。

關於選擇的反思

做人兩大煩惱：一是"沒有選擇"，二是"太多選擇"。

沒有選擇的狀態多數是個假象，實際是人們因為不願放下原有的方式，沉浸在過去或者已得之物，害怕失去，因此以為自己沒有退路。至於太多選擇，多數是因為我們什麼都想要，白天、黑夜都要，下雨、晴天都要，把自己困在矛盾的牢籠之中。人生有時候比較難，容易顧此失彼，不妨從投資決策看人生。

　　若想成為投資老手，就要擺脫放不下這種習慣，放下方能靈活。明瞭清晰的規則，可以幫助我們減少情緒，以冷靜理性執行投資策略，從而提高效率。關於選擇，我們有三個方向可以訓練自己，即"增加選擇"、"消減選擇"及"提升選擇速度"三方面著手。

　　為防止思維老化，一般會定期回顧手上的股票，大約每季檢視有沒有一些不應留戀的股票，即便是核心持倉，也可以適當地加、降倉來測試自己的心態及想法。以一個團隊而言，我們持股相當分散，港、美、A股市場算在一起在30隻到60隻之間，涵蓋8-15個板塊，而每板塊盡量不超過5隻股票，多數在3隻之內。美股都以科技股為主，因科技領域夠闊，個股特性也很不同，所以會以科技股內的子板塊作分類。

　　"增加選擇"是看現在有哪些當炒或未來有機會的投資，但要有段適應期來習慣該股或板塊的特性，通常為期3個月到半年，最少也要一個月才會以細注出手。

"增加選擇"與"消減選擇"的規則要在投資前設定，重點是設下原則，訂立應買與不應買的規則，應賣與不應賣的原則。再在市場上物色機會或者放棄持倉，找機會的資料收集與分析時間也要有限制，例如全新的行業、企業，花的時間多些，但不應超過1年，儘量熟悉行業及商業模式，鍛鍊自身對商業模式的觸覺，便可大幅縮短時間。我們分配到找新機會的時間、精力大約是20%以內，因為管好手上投資與投機，已經夠花時間了。但比例太低了也會錯失一些機會。

投資與人生一樣，要不斷取捨抉擇，相信絕大部分人也不習慣做減法，但減少選擇會換來新出路。另外做加法則一片混亂，基本上是什麼都要，最終想加的沒有加到，不該加的卻加了。沒有對與錯，加法、減法都只是讓人能活出自由、自在。大家在投資時，要有這種個性才較容易保著自己不致失控，規則有利亦有弊，用與不用也是一種取捨。

用反證挑戰自己的立場

時至今日，大部分人都還只會買正股而不造淡，所以許多投資報告都是為了讓大家買股票而公開，這是市場需求所帶動，看淡的報告"中看不中用"，別人會記得但不代表撰寫者能因此賺錢，很少公司會請一個只懂唱反調但不懂何時買貨的人。

很多時投資者會為證明而證明，而事實是資訊泛濫，不論正反方，我們總會找到適合的資料去證明，小心這種為證明而證明的動機引發辨證錯誤的問題。

當然，我們不可能收集所有數據去證明我們投資正確，這太花費精神，也是不可能的任務，通常的做法是收集有代表性的數據，總括而言，我們會對行業的週期、公司所處位置及競爭格局，乃至管理層等角度作重要判斷，這就是定性分析部分，而數據是輔助我們判斷的工具。要分清事實與觀點的描述，例如出口負增長 7.5% 是事實，出口缺乏動力則是觀點。誇學科融合能夠幫助我們更接近事實，在定性上的確定很重要，記住：模糊的正確遠比精準的錯誤好！

我們更傾向證明錯誤（證偽），這是投資時必須的基礎論證習慣，世上太多投資機會，不可能一一消化，先去反證一項投資的弱點或一個投資策略的問題，便能令我們知道該投資是否真材實料，股市不是升便是跌，單方面強調升或跌的可能性是自殺行為，要雙邊看及分析，並找出歷史上與當下環境較相似的數據分析，才能較實在地找到有代表性或關連的數據。不斷強制切換正面、反面立場，有一個小技巧可以幫助我們，如果是看好並持倉了的，便可以少量沽貨，改變自己心理立場。如果是看淡且沒有倉位的，可以少量建倉提升自己的關注度。

根據當下認為合理的概率做決策

世局多變，站在每個時空上我們都有相對應的資訊及心理感受（甚至情緒），決策不能腦袋一熱就決定，未來是個未知數，不可能只有一個路徑，而是不斷分支再分支，每個分支也有不同機率，充滿各種可能性才是現實世界。由於獨立概率事件，一次的輸贏不代表什麼，而是要瞭解在不同情況下我們要基於什麼作決策。

根據當下認為合理的機率作決策，令到每次出手的風險回報比都更高一些，並以此作為注碼大小的依據。例如股價經歷一段深度調整，基本面不但沒有轉差還持續向好，估值偏好得到大幅修正，這時候可以理解為上升空間大而調整壓力充分釋放，下跌空間不大且主力資金正在收集，這種時候應該加大注碼，因為潛在風險比回報低。

相反便要控制注碼，例如下跌幅度可以有 50% 的風險，若機率達到 70%，預期風險值便是 35%，若向上的空間同樣是 50%，但機率只有 30%，預期回報只有 15%，我們行動時便要相當小心。

機率的判斷是非常複雜的，沒有誰事前便能在任意時空作出準確機率判斷，說百分百準確的多數是騙子，要遠離。但往往在一些極端情況卻十分容易把握，例如觀察熊市三期及牛市三期都有非常多有效的判斷標準，這已經非常足夠了，真正能把握的話，肯定富貴無憂。但誰又說得準呢，港股長期熊市，美股長期牛市，從歷史統計的角度出發，過去十多年判斷牛市或熊市結束都錯得離譜。

風險與回報要成正比的概念早已深入民心，但我們認為有足夠的分析工具及辦法（原則），在控制風險之餘剛好能提升回報，例如價值投資的安全邊際理念，又例如剛剛提到的股價風險因素充分釋放等。

金融學以標準差量度的波幅來計風險，這個沒有太大意義，因為標準差只是基於一段時期內價格與平均值的關係，如果平均值已大幅脫離基本面地升，波幅再低也是高危，而且一個標準差只是量度 68% 左右的波幅，兩個標準差也只是 95%，即是最基本量度風險是兩個標準差，保守的人要用 3 個標準差，有投資潔癖的人要在 3 個標準差之上再考慮極端情況。

就算用多少個標準差也好，波幅始終只是參考的一種，一般標準差計算也只以 3 年以內的波幅來計，參考價值不夠高，要用來真正面對現在股市投資的風險便很難。任何基於過去平均統計數字的預測也常會出錯，每年總有一兩次急跌，我們要量度風險便要考慮一項投資在過去最少 10 年內的每年最大短線跌幅，特別是在股災期。以壓力測試的思維模式思考，當跌破了最後支持位時，自己還能繼續承受，才考慮作重大持倉。

潛在回報必須大過風險才能投入資金！總結來說，不管回報多少，任何投資也有風險，兩者要分開計算，並以多兩三個角度去分析，不宜以單一風險評估方法去處理，說到底，還是要努力點，不能走思考的捷徑，就是不能懶！

投資（賭博）勝算、值博論

著名投資者鍾斯（Paul Tudor Jones）曾反省自己縱橫股海的經驗，他發現往往在連場勝仗之後，自覺洞悉市場之時，自己就最容易一敗塗地。

環球股市大漲，彷彿人人都是股神。當普羅大眾愈見進取，風險管理便愈為重要。人同此心，愈贏愈心雄，最後連一些基本道理及原則都忘記了。《漢書·魏相傳》："恃國家之大，矜人民之眾，欲見威於敵者，謂之驕兵，兵驕者滅。"《老子》第六十九章："禍莫大於輕敵，輕敵幾喪吾寶，故抗兵相加，哀者勝矣。"老祖宗一早告訴我們，驕兵必敗，哀兵必勝的道理。這是當年與曹 Sir 聊天他常引述的一句說話。

投資／投機如賭博，回報取決於勝算及賠率。大升市時，勝算及賠率皆高，回報自然豐厚。問題是水漲船高，令人容易錯將運氣當實力，高估自己。自視過高有什麼問題？假設賠率為 1，當勝算由買 10 中 6，降至買 10 中 5，總回報將大幅減少，而此時還以為自己能力超群，自信心爆滿，則危險已至，因這是陷自己於不利境地，如果沒有嚴謹的止蝕原則，後果堪虞。自以為眼光過人，把一切結果視作理所當然，一旦策略稍有差池，便即無險可守。最危險的是無視止蝕，死不認錯，更會隨時虧死。

除了嚴守止蝕外，提升表現的另一妙法，就是靜待良機。正如股神巴菲特所言，投資的秘訣在於等待最有效的擊球點（The trick in investing is just to sit there and watch pitch after pitch go by and wait for the one right in your sweet spot.）。這個妙法妙就妙在：把勝算提升至近乎 100%，即使值博率低點，也是有很大可能贏錢。價值投資堅守的是以時間換取企業成長，而企業成長的把握關鍵在於種種有效分析，在較長時間確定性自然顯現。

股市投資的勝算（確定性）較難量化，但賠率卻有數得計（如考慮現價在各種策略運用中的輸、贏幅度）。一個簡單點的原則，賺蝕比例至少要有2：1才應考慮落注。堅持較高的賠率，一方面能避免亂投機，另一方面可預留一些犯錯空間，即使勝算較低，也不致蝕錢收場。

無論是投資或賭博，要持續地賺錢就要建立概率優勢，而非單靠運氣。投資首要尋找有效的策略。只有在勝算及賠率有利的情況下，才能在投資這條馬拉松賽道上，以相對優異成績跑完全場。

直覺判斷與科學研究

人的認知與思維邏輯其實很有趣，有些人一看便知對方的情緒，有些人能夠分辨出那些隱藏在油畫中的動物或人，這種直覺式的判斷力，不是邏輯可以解說的，但有時卻相當有用，女性在這方面普遍較有優勢。每個人能夠擁有的模糊思維能力大有不同，亦因為其性質模糊而難以複製，這或許是人工智慧時代人類最後的優勢。在投資決策中，我們不應排斥直覺或靈感。

我們有太多隱藏的習慣影響了判斷，例如有人上一次買"平貨"（股價低於 0.2 元）賺過錢，慣了某隻股票有跌幅便想買入，成也模糊，敗也模糊，所謂藝術與科學，如何平衡，這個每個人都在學習的道路上。最可怕的是，我們其實是在偷懶疏於整理，卻美其名這是直覺，進而認為自己處於理性狀態。投資市場上，一個人如果言行不一，其實便是荒廢了大腦的分析功能，這可能是不作思考，或是沒有足夠的執行力，其結果與"賭"無異。

有些時候，我們會靠直覺處理事情，甚至比理性思維效果更佳。有人甚至說，直覺表面上是感覺，實際上是我們專注到忘我的時候，與高維度生物溝通的結果，因而比意識層面的解決方案更出類拔萃。百多年前交流電的發明者、發明大家特斯拉便是憑直覺解決很多問題。

"經過時日磨練，我學會相信自己的直覺。"雲端軟體界重磅人物、Salesforce 老闆貝尼奧夫（Marc Benioff），從不遮瞞自己經常跟著感覺走。

20 年來，貝尼奧夫做過大概 60 個重要收購，相當多產，收購成為增長大引擎。2018 年買入數據整合平臺 Mulesoft，交易金額 65 億美元。2019 年，收購數據分析公司 Tableau，以超過 150 億美元刷新公司紀錄。2022 年底宣佈收購商務即時通訊軟件公司 Slack，股票加現金，動用 277 億美元，再創紀錄。

貝尼奧夫曾經表示他能看出其他人看不到的東西。當他無法表達這種感覺時，會感到困惑。不過，近年面對記者與投資者的提問與質疑時，他變得比從前更懂得解釋自己的行動，更懂得指出交易的好處，同時更懂得提醒大家，看看過去成績。相信直覺，不等於沒有冷靜分析，沒有問過第三者意見。如果仔細觀察貝老闆做刁的過程，就會明白，直覺不是錯覺。

貝尼奧夫曾提醒批評者，對比曾經研究過的公司數量，Salesforce 收購的不過是非常小部分。即是靈感與直覺做主角前，要先下大量功夫，深入研究行內不同公司，有哪一些夠出色，而且夠合適。宣佈 Slack 這單歷來最大收購前，內部做過多方模擬，假若把兩間公司產品深度結合，會發揮哪些效果。收購背後大有學問，功夫相當多。所謂直覺，其實更多是累積努力融於一點爆發的一瞬間，這樣可能更貼切。

心理學家認為直覺與本能，其實是大腦處理大量資訊的結果，包括過去經驗與不斷加入的最新觀察，包括一些意識未必注意到的重要線索。直覺比邏輯分析更加自動，更加迅速。但這個潛意識的過程，好比一個黑箱，難以瞭解，所以有時候被視為草率，不夠科學，不夠嚴謹。

如果把人的潛意識，當作一個神秘智能系統，直覺就好比系統利用貝老闆縱橫江湖多年的經驗，以及跟大量客人交流得來的寶貴訊息，再加上各類客觀分析，參謀意見，經過某種演算法，得出來的結論。

貝尼奧夫20年多年來，數度對自己軟體王國的方向作出調整，加入新業務，又通過不斷收購，把Salesforce的競爭力及目標市場重新定義。當中重大決策，大部分事後都證實，正確捕捉科技與市場走向。他的直覺，作為判斷工具，準確度、精密度，似乎相當靠譜。

理性分析，當然重要。但在一個高增長、變化快、機會稍縱即逝的行業，要不斷走在時代前面，比對手棋先一著，無論做多少分析研究，某些重要關頭，始終需要靠直覺。

資產配置的重要性
——以管理球隊的思維管理投資組合

"投資的第一條原則是不要蝕錢。第二條原則是不要忘記第一條原則。"經過多年的實踐，對股神巴菲特這句名言是愈加有感覺，投資需要平衡回報與風險，風險管理放在投資策略的首位是應盡之義。

投資總有起伏，價格波動是本質，我們不可能完全規避。"不借錢投資"、"止蝕不止賺"、"買入之前定下賣出準則"（不論盈虧都有完整的退出方案）、"設定不同情景的對策"等都是風險管理的一些原則。以下略談一些心得。

投資應該以職業選手的心態應戰。作為個人或團隊，我們有沒有具備國家隊實力？有足夠強度的訓練，把決策變成條件反射，事前作出深入研究？如果還是經常被市場的波動左右，難以保持平常心的話，就要好好反省事前準備工夫不足的問題。

要應付預期之內的變卦，必定是靠入市前的部署，包括注碼控制、分散投資等風險管理措施，而不是臨事才作打算。看似隨機應變，實際上是於事前已經在腦海中演練過無數次後的反應。

分散投資，不是單單追求更多股票的數目，而是有策略性針對部署，包括資產類別、新舊經濟、不同地域以及大小市值等的分散，因為不少投資者已經走向國際化，因應形勢，轉向當時最吸引的資產類別。其次，按資產的波幅變化而動態調整注碼，持續地將投資組合的波幅控制於可承受範圍之內。

當放下回報就是一切的執念，專注風險管理，便會發現穩定的回報反而隨之而來。常說資產配置是投資最重要的事。其實資產配置的主要作用，正在於分散風險。用管理一支球隊的思維，去管理組合，心態上會更健康一些。

合夥人思維建立投資組合

我們的投資策略是以合夥人的思維投資優質增長企業，一般持有年限會較長，但長期投資只是一般情況下的結果，不是原因。注意長線投資的先決條件是選好優秀企業，而不是因為蝕錢而被動持有。

選取優質增長企業，並在有充足的安全邊際下買入並持有，做好倉位管理。買入後需要持續觀察公司業務發展的最新情況，根據調研結果作出調整。若果公司變質，競爭優勢不再，未能再符合優質增長股的條件，無論賺蝕，也要主動沽出。又或者公司股價超前反映（透支）未來數年的現金流折現，同時又找到更好的標的，則可以作出倉位撤換。

投資需要重視風險管理，價值投資的風險管理屬"前置式"，亦即要做好基本面分析工作，從公司的行業賽道、商業模式、管理層作風及管理水準等定性分析，到各種財務分析及情景假設，再到估值計算等定量分析，都要確切做好把關工作，這是風險管理的方式，與需要止蝕的"後置式被動風險管理"（通常是交易型）有所不同。

做好基本面把關後，才會建立真正的持股信心，否則信心容易繫於股價變動，股價升時信心滿滿，股價跌時，信心全失。股價短線波動與流動性有關，與企業基本質素可能會脫節。當然，長遠而言盈利是支持股價最重要因素，不能把股價長期與短期變化的邏輯混為一談。

投資不要太短視，決策的關鍵不是只看股價變動，而是估算公司價值，從而推斷出未來還有多少上升空間。當現時看好一間公司的未來，業務上仍有很大增長空間，現股價相較其未來估值有吸引的回報率，便是買入時機，與股價過往升了多少沒有什麼關係。同樣道理，劣質企業的股價長時間不升，也不是買入的理由，千萬不可本末倒置！

　　價值投資者透過深入分析去選取企業，但不代表每一次出擊都能成功，很多知名價值投資實踐者如股神巴菲特，也有不少選股失敗的個案。世間本就無常，誰又能料到 2019 年年底會發生疫情，而且持續時間超過三年多；所謂分析，是希望讓我們盡可能找到優質甚至偉大企業，在有足夠的安全邊際買入，以此提升致勝率。當這種選取足夠優秀及足夠多時，便能構築起一個優秀組合，收取長遠穩定增長的效果。一注獨得心態一定要規避，這不是良好的風險管理心態。

壓力測試與組合管理

　　波動市是一個壓力測試，使我們反思投資組合在風險與回報的平衡點是否合適，在恐慌的市況，短期波動在所難免，但如基本面變化發展成長期損害，則肯定有問題。就組合中每個持倉，我們應該反問自己，當初是基於什麼理由買入，其後為何一直持有，現在持有是否仍能帶來回報？這些問題對建立長遠有效投資組合，十分重要。

如果投資的理由已變，或者投資原因開始不明朗，就應該將之沽出，把資金集中到有充足持倉理據的資產之上。

在過去幾年的數次大跌市中，不少倉位都會跌破我們設定的止蝕價，在時間緊迫的時候，利用上述問題，幫助我們決定是否繼續持有，避免把優質的持股沽出。在市場動盪下，若每一浪都大量止蝕，表面上是風險管理，實際上卻會愈止愈傷，甚至錯過了隨後的反彈，把短期虧損實現，形成長期虧損。然而，極端市況不止損並非一個原則，前提是確定持倉的仍是好企業，並且準確判斷當下市況屬於極端市況。

減少總持股的數目有助於系統風險出現時的壓力管理。我們常說要分散投資，但是只有在資產之間的相關度低時才會有效。在同一板塊之中只持有一至兩隻股票，投資者可以挑選優質管理層、分析股票估值，希望靠管理層質素能跑贏同儕，繼而帶動股價，比起同時持有行業中十隻股票，效果可能更好。

分散投資是好策略，重點是尋找相關度較低的資產。過去幾年，全球經歷了幾次政經社會的突發事件，但對不同地方的衝擊就很不一樣。新冠疫情當然重創全球，然而隨著各地策略不同，病毒演化亦有異，對經濟及股市的影響亦有分別。

因此，現代的投資組合往往是在同質性低的工具、地域、板塊之中，選擇約 10 個目標。在波動仍頻的時候，這個組合可以增加穩定性，因為工具之間的同質性較低，同步回落的機會亦減少。

有了穩定的基本盤之後，再按實際情況，適量伺機投資較高風險的產品或板塊，如此方能建立長遠有效的投資組合。

注碼控制與凱利準則介紹

一個完整的投資流程，可以分為 5 點：買什麼、何時買、買多少、何時賣、賣多少。大部分人只注重前兩者。對選股及擇時機的分析到處都有。我們可以從勝算、賠率、止蝕三方面幫助思考買什麼、何時買、何時賣。買、賣多少則是注碼控制的學問。

注碼控制（買多少）所以重要，一來是由於資金有限，買了資產甲，自然少了錢買資產乙（即機會成本）；二來，更為重要的是風險敞口（risk exposure），投入的資金愈多，面對的風險愈大。即使具備有利的勝算及賠率，但如果注碼控制不當，在風險釋放時，會造成無法承擔的損失。因此，如何透過注碼控制平衡回報及風險，以提升投資表現，至為關鍵。

注碼可按風險承受能力（risk approach）來制定。假如你
只能接受本金損失 1%，以 10% 的止蝕為例，注碼最多為本金的
10%。

另一種方法同時考慮勝算及賠率，務求令財富增長最快
（maximum return approach）。

1956 年有一位名叫 John Kelly 的人士，當時他在貝爾實驗
室工作，從事電話電訊技術的研究及發展。他發表了一份文獻
叫 A New Interpretation of Information Rate，將通訊技術
的一些公式，應用到賭博的注碼控制，務求達至最佳的本金增長
率。幾年之後，有一位麻省理工的數學教授 Edward Thorp，運
用 John Kelly 的賭博注碼控制原理（凱利準則），結合他的電腦程
式（當時電腦只是學術界的新玩意），於拉斯維加斯賭場賭 21 點
（Blackjack/Game of Twenty One）而贏錢，開啟了近代數學家
及科學家進入金融投資界別的先河。

凱利準則是計算投資金額與本金的比例，目標是達至優化本
金增長率（即回報率）。假設贏錢機會率是 60%，輸錢機會率即
40%，贏錢是一賠一，即贏錢回報是 100% 及輸錢回報是 -100%。

根據凱利準則，公式為（贏錢機會率 / 輸錢回報）－（輸錢機

會率／贏錢回報），投資金額與本金的比例計算結果（稱為"全凱利"）是20%，即每次落注便是本金的20%。操作是第一注是本金$10000的20%=$2000，如果輸了的話本金變成$8000，第二注的注碼便是$8000×20%=$1600。如果第一注贏了的話，本金變成$12000，第二注的注碼便是$2400。

用於另一例子，投資物年均回報10%、按月回報標準差8%（按年27.7%），投資金額與本金的比例計算得出130%，即凱利準則提議進行槓桿投資，買入比本金多30%的資產。公式為回報／標準差的二次方。

運用凱利準則，投資本金比例高於"全凱利"（Full Kelly）的計算結果之後，長期回報便會開始下跌。更甚者，如果投資本金比例高於兩倍"全凱利"，長遠回報會轉為負數。

另一方面，有一些研究認為"全凱利"的計算結果似乎太高風險，回報的波幅太高，建議執行投資本金比例下降為"全凱利"的一半，俗稱"半凱利"（Half Kelly），長遠回報亦有"全凱利"的75%。按上述兩個例子，"半凱利"的結果分別是投資本金的10%及65%。

另外，運用凱利準則於低波幅的投資物，會出現大過100%的投資金額與本金比例，即是提議進行槓桿投資。此時，由於槓桿投資會有利息支出，回報及波幅會有改變，投資金額與本金比例需要再次計算。

投資者宜留意注碼與長期回報呈倒 U 形。凱利準則為理論上的最佳點。注碼再增，長期回報便會下降。現實生活中，由於勝算、預期回報及虧損難以準確計算，因此注碼不宜跟足凱利準則，以免過度進取，影響表現。視乎投資者的風險取態，採用分數凱利（Fractional Kelly），如一半，甚至是四分一，會較為恰當。一方面可以預留一些犯錯空間，另方面亦有助減低投資組合的波幅。

儘管凱利準則著眼於買幾多，但也能就賣幾多提供參考。例如資產價格在買入後顯著上升，投資者可按凱利準則重新評估注碼：若預期額外回報大減，便應考慮降低注碼，收割部分利潤。

最後，為了減低選擇錯誤時機的風險，以及受心理壓力影響，如錯失恐懼症（fear of missing out）或損失規避（loss aversion），投資者適宜分兩至三注買入及賣出，以有效執行注碼控制。

中庸之道

隨著市況升跌調整對企業的看法，一時悲觀一時樂觀，最終一定偏離事實，失敗是必然的事。最好的應對方法是維持一個核心組合，保持有信心的企業在手，便不會陷入進退兩難，甚至過度情緒化的情況。最多可以多思考一下核心組合的比重，安心的話比重高些，否則便降低持倉比例好了。

絕大部分投資者都過於自大，妄想可以每時每刻都準確捕捉時機，不斷全倉入全倉出（All in all out），可惜人真的沒有預知能力，賭運氣式的投資不知如何評價。兩三年前孳息曲線倒掛，就有人提出永離股市論，結果自然被市場教訓，錯失新經濟股史詩式升浪。在股市泡的愈久，愈會明白自己無非只是一個凡夫俗子，採用中庸之道，長期保持一個合適的持倉數量，盡量降低操作難度。可以努力的地方已經夠多了，例如深入調研企業、思考倉位等，一天都不夠用，為什麼還要向難度挑戰呢？

投資要有小成不會很難，而只要時間長，10% 的複利威力足以達致財富自由，徹底改善自己與家人的生活，切記不要太過情緒化及高估自己。

第五章
深入行業分析挖掘投資機會

　　科技的發展日新月異，行業的更迭是投資者必須時刻關注的課題。保持終身學習，就要緊跟時代的發展，甚至對行業的趨勢有一些超前的認知，不斷突破自己舒適圈，擴大自己的能力圈，才能在機會出現之時有更好的辨識和把握。

中國三大新產業創造長期機遇

　　市場的一個常識是，隨著經濟發展及結構不斷演變，領頭的企業會不時發生更替。試看 MSCI 中國指數的成份股可知：2022年前，電訊板塊以 60% 權重成為大贏家；12 年前，金融股以近40% 份額佔據主導地位；然後是互聯網，兩年前其權重高峰接近

50%。重大結構性轉變可帶來超額收益的良機，但我們需要突破既有認知和慣例以尋找未來趨勢。

新的結構性變化已經展開。智能手機和互聯網於過去 10 年蓬勃發展，屬財富創造的重要來源，惟市場漸趨飽和。綜觀全域，似乎電動車、能源轉型和供應鏈重組正轉化成新的驅動力，為未來 5-10 年創造長久機遇。

電動汽車：全球汽車市場規模是智慧手機行業的 7-8 倍。以往中國本地汽車 OEM（原設備製造）在內燃機（ICE）汽車中處於相對弱勢地位。然而，隨著電動汽車興起，此情況正產生變化。中國本土品牌佔據中國電動汽車市場超過 80% 份額，並在出口方面嶄露頭角。這趨勢為整個供應鏈帶來龐大商機，尤其是有明顯單車價值量提升的領域，包括汽車玻璃、汽車顯示螢幕、汽車熱管理及功率半導體等，整個電動車的產業鏈都值得關注，尤其是零部件（包括軟件）而非單單整車生產及銷售。

能源轉型：中國在席捲全球的能源轉型中獲有利位置。雖然中國在傳統能源中（石油和天然氣）非常依賴進口，但在新能源領域（太陽能和風能），中國廠商佔據全球領導地位。它們已達至成本平價並因此減少因補貼而出現的興衰更迭，令太陽能及風能步入健康、持續發展階段。與此同時，在傳統能源方面，中國對提升國家能源安全的關注為頁岩氣和海上勘探方面創造具吸引力的投資機遇，其中有些還未為投資者廣泛認知。還有一點，作為新能源的必要發展條件及配置，儲能行業的發展十分值得關注。

隨著 AI 的持續發展，可以理解 AI 的盡頭是能源供應，因此在未來大戰略上，能源一定是舉足輕重的存在。從地緣角度看，大國博弈令中國極需要取得能源自由的地位，萬一被封鎖石油天然氣輸入通道，也才不會處於完全被動位置。

供應鏈重組：地緣政治緊張局勢和新冠病毒全球大流行，導致各國重新審視供應鏈部署。這對中國在某些領域的發展造成短暫挫折，例如半導體先進製程設計和製造。另一方面，供應鏈重組極大地促進本土廠商在醫療器械、自動化設備、成熟製程半導體等領域的快速崛起。類似模式也出現於消費行業，本土品牌通過把握中國消費者喜好變化、靈活運用社交媒體和線上銷售，實現市場份額快速提升。

通過自下而上的個股分析，能發掘諸多基本面優秀且估值吸引的獨特機會。同時，趨勢發展往往不是一帆風順，深入的基本面研究將有助把握未來行業波動所帶來的機會。當投資環境產生改變，作為投資者必須學習、適應繼而進化。

全供應鏈優勢

理論上，公司愈專注單一領域，產品就會愈好。另外，同一間零部件商可以供貨給數間下游廠商，因而造成規模優勢。下游廠商可直接買零部件，一方面減輕了研發成本，另一方面在不同上游廠商中選擇，以競爭促進改善成本和品質。

因此，現代工業變成了複雜的供應鏈，像汽車等產品上游廠商可以有好幾層。同時期，服務業亦是愈做愈專，於是醫生由幾十年前單一"外科醫生"，變成了今天幾乎每個器官都有專科醫生。就像製造業一樣，專注單一項目能累積更多的經驗與知識，在過去幾十年的確促進了不少行業的發展。

不過，近兩年的供應鏈問題，突顯了過分分散產業的風險，汽車零部件上千個，欠了一個就做不出汽車，只要供應鏈稍有阻滯，對下游的影響可能以倍數計。所以企業自行生產上游零部件的垂直整合，就在過去兩年跑出，影響相對較少。汽車業之中，特斯拉（Tesla）也許是最著名的例子。特斯拉連礦業工序都有研究。相信未來這種模式會愈來愈多，真正掌握全供應鏈的，或許優勢會更突出。

科網行業的週期

科技企業的週期性表現會比其他行業相對來說弱一些。行業週期是如何形成的？當經濟從低處回升，需求開始增加，供應跟不上，於是產品開始加價，企業利潤於是上升。企業為應付急增的需求，於是提高資本開支，設立新的生產線。到週期後段，需求被充分滿足或衰減，供應卻不能一下子減掉，因而出現供過於求；企業開始關掉廠房，供應減少下，慢慢求過於供，又邁進下一週期。

每到季尾／年尾，舊存貨還有，新貨品又即將上架，怎樣處理最後那賣不出去的存貨，是企業常常遇到的難題。因此有所謂的減價促銷，加快資金回籠。具差異化（differentiation）的產品還好一些，若是全球統一制式的商品——資源、鋼鐵、水泥、手機及晶片等——基本上只能作價格競爭，產能過剩的問題更嚴重，行業週期特性更大。

科網股的週期特性不明顯，需求處於長期攀升階段，也幾乎沒有資本開支。最簡單譬如賣廣告的 Google 和 Facebook，在淡季和旺季的廣告收入可能有差異，可是廣告不會有存貨問題。沒人瀏覽的網站才會有廣告存貨的問題，頂級網站的廣告位只會供不應求。

科網亦不是完全沒有週期的，硬體股份就有，例如晶片類企業。智慧手機商則要看是否自家生產，若是自行製造，那麼亦會有週期；假如只做設計和監督，那麼其風險就會大部分轉移予零件生產商，典型例子就是蘋果公司。硬體公司遇到的問題跟其他企業一樣，就是產品週期及資本開支，故最大型的科網公司，多數都屬軟件類的。英偉達及台積電屬於硬體公司的特例，無獨有偶，二者的科技含量極高，以致於成為全球相關領域獨家供應商，造就了一時的神話。

科網另一種週期是後來者的追趕，或被新模式所顛覆，舉例說，Yahoo 遇上 Google。如果 Facebook 沒有早早收購 Instagram，股價可能早已見頂。如果騰訊（0700.HK）沒有從 QQ 到微信，從微信到遊戲及電子支付，再到今天的小程序及微信小店，它的成長故事也會很早結束，也沒有現在的股王地位。

科技行業的週期屬顛覆性的，所以也要密切監察，看看領先者是否能不斷創新。當然，一般性的創新，王者可以其先行者優勢收購，這是保持霸主地位的關鍵。而創新者的投資機會，一個是被收購，一個是真正顛覆，後者很不容易。更多的是其創新模式迅速被複製、取代，模式從形式到衰敗只有三數年時間，這是我們要很注意的地方。

如果能夠找到王者地位的企業，市場的牛熊市則為我們提供買賣的方便，熊市時是買入這類優秀企業的機會，長期持有是應有之義，而捕捉牛市三期的撤出機會就看個人本事了。

科技進步與低通脹

觀乎幾個重要的長期趨勢，包括人口增長減慢、人口老化、科技進步，都會拉低物價。要寄望物價在短期內上漲，或許只能依賴各國政府推出更多財政刺激措施，或是進一步落實 "美國優先" 政策，加快去全球化，拼命提升關稅，促使環球生產成本上升。

事實上，科技進步對物價變化，以至貨幣政策的影響，至為重要。科技發展使不少生產商能以科技取代人手，持續壓低成本，這既令電子產品價格大幅下降，其他產品價格亦被壓低；同時科技發展有助減低創新門檻，並增加價格透明度，促進市場競爭，眾多的電子商務、網上平臺，便是最好例子。這些都能有效壓抑物價。

科技發展往往是幾何式增長（exponential growth）。一張紙對摺 42 次，厚度就足以由地球延伸至月球，可見幾何增長的威力；按照摩爾定律（Moore´s law），晶片的效能每隔不足兩年便會提高一倍，功率則減半。現時一部便宜的智能電話，其運算能力已較

24 個月前價格貴一倍的產品性能更好。種種例子，不勝枚舉。誰能設想數十年後，科技發展會是何等驚人，對物價的影響又會是何等誇張呢？ 2023 年後出現的人工智能突破，被形容為人類第五次工業革命，即將全面取代人類方方面面的生產力，世界首富馬斯克甚至表示，五年後金錢對任何人可能沒有意義。

現金流角度看科技股長期價值

科技股股價高企，估值昂貴，如何自處？到底科技股貴不貴？從市盈率來看或許是貴，從現金流角度而言或許不貴。

現金流比某年的盈利水準更重要，現金流是事實，而盈利則可以從各種會計意見被調整得面目全非。假若有家公司 3 年來每年盈利 1 億元，但經營現金流卻每年淨流出 1 億元，我們是不會安心買入或持有這個企業的。企業的價值取決於未來的現金分派能力。

現金流和盈利的最常見差別來源就是折舊。例如科技公司過去 3 年投資了 10 億元，現金是已經投出去了，但支出會在損益表中分幾年攤派。故第一年是盈利大過現金流，之後幾年便會出現現金流大過盈利。相反，許多地產公司都會錄得資產重估盈利，但這些都是非現金的，故其盈利有時會高出現金流許多。

科技公司的商業模式很有特色（成功了便是優勢），一般都是先燒錢（前期開支許多）投資（注意不是消費），成功後能在之後帶來收入。另一個類似的行業則是藥物研究公司（近年我們大大加強了生物醫療公司的投研能力）。所以相關投資都是值得的，會為企業未來帶來源源不絕的現金。值得注意的是，現金流說的不單是企業的總現金流，也不單是經營現金流，更重要的是減去資本開支及利息開支後的自由現金流，這部分才是我們用來推算企業估值的。

不少美國或者南韓的晶片公司，賬面盈利非常可觀，經營現金流更可觀，但因為賺到的錢許多都要再投資（不投資產品便會落後過時），不能分派。那再高的經營現金流又與投資者有什麼關係。這就是為什麼要探討成功的商業模式。

科技中軟件或平台公司是現金創造的高手，其經營槓桿效益大，一旦模式成功便成為王者。大部分公司都有資本開支，但上兩者的資本開支很低，現金大部分都能回饋投資者。有良好的生意模式，我們還要瞭解公司的企業文化是否可靠。如果兩者都是肯定的話，投資回報便較有保障。好公司很難找，不要因股價一時的稍為偏高而沽出千里馬。

新能源行業分析

全球氣候急劇變化，夏天時各地頻繁出現高溫、乾旱等異常氣候，到了冬天，極嚴寒天氣出現頻率也在增加。在歐洲，高溫令居民用電需求大增，冬天嚴寒的天氣同氣需要能源取暖，但歐洲天然氣供應短缺問題，令電力供需缺口提高，迫使多國採取了停電、停產等措施。面對能源危機，歐洲多國不得不放棄對溫室氣體排放的關注，重啟部分燃煤電廠。這些舉措只是為解燃眉之急，長遠各國會更堅定發展再生能源，擺脫對他國的依賴，同時實現碳中和目標。

全球變暖與氣候變化的風險真實而急迫，這在絕大多數國家中已形成共識。為有效延緩氣候變化風險，各國必須投入巨額資金來推動碳減排和碳中和。

就中國而言，根據世界銀行的估算，為在 2060 年前實現淨零排放目標，僅在電力和交通行業就需要 14 萬億至 17 萬億美元的額外資金，用於綠色基礎設施和科技投資。雖然歐洲多國政府在短期的經濟與社會壓力下"開倒車"，但這只是權宜之計，一旦形勢緩和下來，他們肯定還會加倍努力，盡快回到碳減排與碳中和的軌道上。

歐洲多國天然氣嚴重短缺，影響了工業生產與居民生活，彰顯了新型地緣政治局勢下實現能源自給自足的重要性。對於德國、日本、中國等嚴重依賴能源進口的經濟體來說，如果對核能的利用存在瓶頸或尚有疑慮，大力發展太陽能、風能等可再生能源將是擺脫對外能源依賴、實現能源自給自足的唯一出路，這在一定程度上已經上升到國家能源安全的高度。

眾所周知，可再生能源特殊的自然特徵，提供的電力供應不夠穩定，無法滿足日常的生產和生活需要，因此需要其他電力供應模式來調峰配合。這意味發展高效、便捷、高能的能源存儲和轉換技術（如動力電池、綠氫技術等），是未來可再生能源行業發展的必然要求。對投資者而言，都是值得深入發掘的中長期投資機遇。

中國的新能源發展概況

人類社會正處於十九世紀以來的第三次能源轉型。第一次能源轉型，是指植物能（柴火木碳）轉為燃煤發電；第二次是指以化石燃料取代煤炭；至於目前的第三次轉型，是指以可再生的潔淨能源，來取代污染性較高的化石能源，使其成為人類社會的主要能源。

對於很多國家如印度、歐洲及中國而言，這次能源轉型，是頭等大事。除了防止溫室效應、令全球可持續發展之外，歐洲出現的能源危機暴露了過度依賴外國能源的危險性。為免受制於人，能源就要自給自足。

中國是個"多煤少油少氣"的國家，但煤炭有地區局限，高污染等各種問題非常嚴重。然而，在國家政策重點扶持下，中國的能源局面今非昔比。在《第十三個五年計劃》期間（即 2016-2020 年期間），中國新能源迅速增長，風力發電（風電）及太陽能發電（光電）每年的新增裝機，分別達到 3044 萬千瓦和 2405 萬千瓦；兩者在總發電量中的佔比，從 2015 年的 4% 上升到 2020 年的 9.5%。預計到 2030 年，此比重要達到 50%。

新能源至今已發展了近二十年。早期技術還未成熟的時候，仍需巨額的補貼資助。然而，自 2020 年起，技術趨於成熟，已毋須再依賴補貼，並進入了大規模發展的階段。

中國力爭在 2030 年前二氧化碳排放達最高峰，並致力於 2060 年前實現"碳中和"。由於水電和核能固有的限制，大力發展風電和光伏發電，是必由之路。現時兩者的發電成本已經低於火電，比起氣電成本就更低，實現第三次能源轉型剩下的問題是佈局及技術上的執行問題。就後者而言，可以從供需關係作出相應的考慮。

從需求方的角度而言，電力需求有高峰，有低谷，並不是時刻不變的。針對負荷峰谷的差別，需要調節電力系統來應對。根據2021年的統計，全社會用電量在7-9月及12月處於高峰，在2-4月及11月處於低谷。此外，有研究指出，隨著中國第三產業和居民生活用電佔比不斷提升，用電負荷的峰谷差率與峰谷差絕對值都在不斷增長。以浙江為例，2020年最大峰谷差達33140MW，最大峰谷差率超過50%。隨著使用者電氣化程度也在不斷提升（其中電動車取代傳統車是個例子），這情況可能愈趨嚴重。

在供應方面，與傳統煤電不同，風電和光電需要看天時，不是"呼之則來，揮之則去"。中國全年用電情況與新能源發電量均具有週期性。與上述用電量高峰與低谷不同的是，風電與光伏合計發電量在3-5月及11月處於高峰，在7-9月及12月處於低谷，兩者峰谷錯位。由於這個錯配，系統需要火電機組和儲能技術來保障電力供應。當新能源發電低谷月份，需要大量火電機組保障電力供應；而在新能源發電的高峰月份，則需要更多儲能設施來維持電網安全穩定。

因此，如何把新能源視作主要能源的同時，確保電力供應的穩定性，是目前最必須解決的問題。由於風電和光電的供應不穩，即使他日成為主要供電來源，傳統燃煤發電的輔助地位仍難以完全被取代。我們認為，未來新能源投資，企業是否同時具備火電供應能力是重要考慮因素。

發電廠由於發電售價受到規管，不能轉嫁成本於用戶，甚至出現虧損。舉例說，全國最大的煤電廠華能國際 2023 年不僅錄得全年虧損，以每股虧損計算，就超過其過去 5 年的每股盈利的總和！煤價在 2022 年下半年急升，發電廠為了避免虧損，寧願"躺平"，所以才會出現家居限電的情況。

其後，為應對電廠的龐大虧損，發改委亦採取了相應措施。即使如此，這些大電廠的煤電生產在 2024 年上半年仍然錄得虧損。隨著煤價長協機制去年下半年的生效，相信傳統煤電生產商可以取得合理利潤，長遠保障了電力供應的穩定。

這場新能源革命，不僅是以可再生能源代替化石能源，還包括電力的更廣泛使用，如電動車的普及，逐步淘汰使用汽油的傳統汽車一樣。隨著中國"雙碳"相關工作的推進，未來電力系統可能會成為能源系統的核心和中樞，走向多網融合。

未來電力網絡不僅僅是連接不斷提升的電氣化的方方面面，還可能跟供熱網路、燃料網路實現有效互通，即構成一個以電力為核心的能源網路。不只如此，能源網路可能還要通過數位技術與資訊網、交通網等進行融合，這將會催生很多新的技術領域和新業態。

電動車行業分析

　　200 年前，美國淘金熱潮席捲全國，然而，最賺錢的並不是賭上身家性命的淘金者，而是在一旁賣工具及礦泉水的商家們。

　　電動車時代已經開啟，躍躍欲試、磨拳擦掌的大企業比比皆是，最終肯定會有一場激烈的優勝劣汰，誰勝誰負現時難以逆料，但當中也有可能有確定性更高的贏家。

　　要改善全球環境，減少傳統燃油汽車排放已成各國共識。因此電動車發展有很好的土壤，歐洲多國已提出要在未來 10 年至 20 年間，逐步禁止銷售傳統燃油車。中國過去十多年來，也一直鼓勵電動車行業發展，除了推動公共交通全面轉用電動車，普通消費者購買電動車時亦能得到地方政府的補貼。未來隨著充電設施的完善，以及電動車技術的提升，電動車市場發展空間很大。

　　電動車行業最核心的技術非電池莫屬，各大企業覬覦電動車市場，看似個個實力強大，但在電池技術方面均要外求，因此，電池行業龍頭企業遂成為各大企業的拉攏對象。他們可能可比淘金潮時的工具商。這些在該領域發展多年的企業，依然具有明顯優勢。

電動車電池技術發展

在各國減排政策推動下，新能源汽車必定迅速取代傳統燃油汽車。在氫能車未普及前，電動車將會是主要承載工具。有別於燃油汽車，電動車的"三電"（電動機、動力電池和電控系統）是核心所在，"三電"質素直接影響電動車的表現，如續航力、安全性和操作穩定性。

"三電"中最多人關注鋰電池的發展，鋰離子電動車電池全球市場產值每年約 270 億美元，預計到 2027 年將增至 1270 億美元。除了鋰離子動力電池，磷酸鐵鋰（LFP）也是目前新能源汽車電池的主流技術路線，其他如鎳鈷氧化鋁（NCA）電池、氫燃料電池、鈉離子電池、固態電池等技術亦處於研發階段。隨著電池的需求增加，激烈的競爭為新電池技術帶來突破，可望把製造的成本減低，令電動車普及化更上一層樓。

目前生產商嘗試採用矽取代石墨負極，以提高能量密度，解決對於現時動力電池的痛點，如續航力、熱安全、原材料供應等，但矽負極安全問題有待改善。業界期待適合電動車使用的固態鋰離子電池盡快推出市場。

特斯拉中國主要使用鎳鈷氧化鋁電池，去年底宣佈把標準版車款轉換為磷酸鐵鋰電池，而中國正是這種電池的全球最大製造國，但是緊張的中美關係是中國電池製造商進入美國本土製造的最大難題。另外，亞洲是汽車零部件的主要製造地區，也會是電池領域創新的地方。

目前市場佔有率排名前列的電動車動力電池企業都在亞洲地區，並主要聚集在中國、南韓和日本，三大電池製造商分別是寧德時代、LG 和松下，雖是三分天下局面，但競爭仍劇烈，新型電能車在電池的體積、能量密度、續航力、充電性能及環保等要求愈趨嚴格，還有成本控制和交付週期的壓力，市場期望有更高性價比的產品出現。

電動車發展帶動鋰電池投資機遇

在電動車和可再生能源發展愈發受關注的現在，電能儲存等領域日益重要，而鋰是鋰離子電池中使用的主要材料，重要性不言而喻。行業已經造就了不少優質企業及超級富豪。當然，在研究思考其未來及投資機會時，特別需要注意其他的顛覆性材料的出現。

鋰是世界上最輕的金屬，因其顏色而被稱為“白色石油”，普遍用於為各種設備和車輛提供動力的先進電池。鋰離子電池通常比化學電池更輕、高效及耐用。這使鋰電池成為儲能的理想選擇，尤其是在汽車和消費電子產品以重量和大量使用作為重要考慮因素的領域。該等用途包括電動和混合動力汽車、智能手機和相機等。

目前約有一半的鋰需求來自工業應用。儘管如此，鋰的大部分預期增長和樂觀情緒均來自電池領域。到 2030 年，預計約 90% 的鋰需求將來自電池領域。而在電池領域，鋰需求增長的最重要源頭來自電動車。

在 2019 年，全球約 200 萬輛電動車的生產消耗約 13.7 萬噸鋰。在 2030 年之前，隨著消費者考慮使用潔淨能源、降低維修成本和改善性能，電動和混合動力車將變得日益普遍，需求將達到 150 萬噸以上，十年左右有十倍的增長空間。考慮到可再生能源儲存和消費電子產品的預計增量需求，整體鋰需求可能會更大。

目前鋰在鋰離子電池總成本中的佔比不到 3%。鑑於鋰對電池經濟效益的影響相對較小，因此即使鋰價格上漲，整體鋰離子電池價格也可能因生產效率提高而下降。在過去 10 年間，隨著產量增長，電池價格平均每年下降 22%。鋰離子電池價格應繼續保持下降趨勢，使得電動車競爭力愈來愈強。

這是一個不錯的材料方向，如何把握機會還要進一步思考。

中國新能源汽車全面抬頭

中國新能源汽車全面抬頭，在全球範圍嶄露頭角。資料顯示，2023 年上半年中國汽車出口 234.1 萬輛，料全年可達 400 萬輛，成為全球最大汽車出口國。此外，新能源汽車出口量由 2018 年的 14.7 萬輛，上升到 2022 年的 112 萬輛，增近 7 倍。

對中資車企而言，2023 年更寫下幾個里程碑。調研機構 TrendForce 預測，2023 年全球新能源車銷售量約 1280 萬輛，中國佔比高達 60%，國家補貼結束似乎未對銷售構成重大影響。比亞迪擠走電動車龍頭 Tesla，進佔環球"一哥"寶座。中國勢取代日本成為最大汽車出口國家。

事實上，"走出去"屬內地車企擴展的主要動力。近年政策支持下，中國新能源車銷售依然不俗，惟分析普遍相信即使市場尚未飽和，部分"換車"需求已被透支，加上傳統及新勢力廠商陸續推出新產品，本土競爭愈趨激烈，銷售增長恐放緩，唯有搶攻海外冀覓得盈利新引擎。

什麼原因令中國突圍而出？

與傳統車技術重點在發動機不同，電動車的核心是電池技術，比亞迪（01211）的刀片電池、寧德時代的麒麟電池和廣汽埃安的彈匣電池均引領業界。這是發展的重要基礎。而中國的全產業鏈佈局及相對低廉的成本優勢，加上本土市場逐漸成熟，全國大幅增加充電樁，有利推動電動車銷售，更大的規模進一步降低成本，鞏固相對優勢。

中國過去透過合資企業和本地市場的條件，吸引外國直接投資，成功提升技術研發基礎。未來中國將"走出去"，像寧德時代、比亞迪及惠州億緯鋰能均宣佈會在匈牙利設廠；歐美車廠亦可逆向合作，與中國電動車及電池製造商合資，以獲得新能源和電池研發技術，並利用東歐及南美低成本生產，重新出發。

經歷了 2023 年高速拓展後，內地汽車行業將要面對增長減慢的挑戰。內地車企擁先行者優勢，進軍新能源車滲透率目前尚低的亞洲市場，競爭力毋庸置疑，但其他國家或地區銷售增長能否一如中國近年般強勁，尚有待觀察，小心當前地緣環境複雜，貿易壁壘風險難以排除，也會窒礙車股的盈利表現。

比亞迪能成為下一個豐田嗎？

麥格理銀行發表其對汽車行業的看法，認為比亞迪（01211）將成為"下一間豐田"，果如是，或將為投資者帶來長遠的機會。

回看豐田，該企業早已是全球重要汽車生產商之一（一哥地位穩固），並為傳統汽車建立完善和複雜供應鏈系統，相關企業如日本電裝（Denso）主力製造汽車零件、火嘴等，電動車卻不需要發動機、波箱、點火系統，這與英偉達 CUDA 系統一樣，建立行業的標杆，也是公司的護城河。故多年來股價長升長有。

然而，中國的崛起正改變遊戲規則，現時中國已是全球最大汽車市場，可惜近年日本汽車在內地市場節節敗退，本田及日產等生產廠房紛紛撤出中國（二家車廠到 2025 年可能被逼合併經營），取而代之的是中國新晉電車生產商。豐田另一主要市場東南亞現時亦正逐漸被中國電動車蠶食。豐田隨時失去汽車業 " 全球一哥 " 的地位。其所建立的全行業系統及供應鏈，可能會被顛覆。

中國的電動車騰飛震撼全球。截至 2024 年 6 月底，全中國機動車 4.4 億輛、汽車 3.45 億輛，新能源汽車只有 2472 萬輛，佔全國機動車總數 5.6%，可見新能源車發展空間巨大，配合政府推出舊換新等資助計劃，大城市開放牌照予電動車在市內行駛，推動上半年新註冊登記新能源汽車達 439.7 萬輛，按年急增 39.41%，創下歷史新高。

比亞迪近年大事擴張海外版圖，估計 2026 年對公司而言是一個重要戰略拐點，因為在泰國、印尼、巴西及匈牙利的 4 個海外基地及生產線屆時將竣工，可加快生產步伐。預期海外擴張計劃及潛在插電式混合動力汽車（PHEV）的增長機會。

在 2030 年之前，PHEV 的需求將較市場預期強勁。估計 PHEV 及增程式電動車（EREV）在 2030 年佔中國新能源汽車總需求約 60%，較市場預期高，主要是 PHEV 與同類汽油車的價格相若，且實現更長的續航里程。中國對 PHEV 追捧很大程度源自消費者既想要負擔得起的產品、自動駕駛等技術配置，又不想面臨續航焦慮及充電不便等問題。同樣訴求可能也會在全球各地出現。

閒談電動車機會

電動車與傳統車的技術優勢一目了然，因此說前者是大勢所趨，但電動車的真正競爭點應該在智慧化。開過 Tesla 的朋友都回不了頭，不只因為 Tesla 用電驅動，而在於 "自動駕駛"（Autopilot）及一個熒幕控制全車的智慧化技術，對於駕駛者屬次世代體驗，別忘記目前 Tesla 所謂 "自駕" 技術遠未稱得上成熟，部分原因是政策限制。未來十年，得智能者得天下。

一輛 Smart Car 的運算力需求比智慧手機更大，愈是 "智慧" 就愈需要高級晶片，而眾所周知，中國的晶片技術被西方牢牢捏緊。晶片突破是整個中國要面對的難題，不太可能單靠汽車業自己去努力克服。但我們相信，沒有中國人攻破不了的技術，舉全國之力，假以時日，中國芯會雄起來。

結論是，電動車固然是大趨勢，晶片產業鏈才是整個未來的核心趨勢。

Tesla 特斯拉的絕招

特斯拉的野心遠不止新能源汽車。從最近一系列動作來看，愈來愈像蘋果 iPhone 模式與策略：高端產品打品牌，中端產品賺利潤，低端產品搶市場。

2021 年開始，特斯拉宣佈大減價，對中國競爭對手予以許可的同時，出手相當的快且狠。以特斯拉的品牌，加上其自動駕駛系統，減幅這麼大，國產新能源汽車是很難招架的。特斯拉如此搶中低端市場份額，完全可以不在硬體上賺錢，而是大量走貨，搶佔市場份額。不靠硬體，靠的是 FSD。

FSD 是完全自動駕駛選擇包，當車主付費啟動後，可以享受到特斯拉相關車輛包括自動泊車、自動導航駕駛、智慧召喚等在內的高級自動駕駛功能。去年年中開始，FSD 的選裝價格是 8000 美元／套，目前北美地區再次上升至 1 萬美元／套。這套系統愈好用，愈促進軟硬體銷售，形成正向迴圈。這才是它真正的絕招。

馬斯克的大餅

我們正啟動對特斯拉（Tesla）研究項目，其中一個原因是公司具備很多估值潛力，包括 FDS，機械人，ROBOTAXI 等，公司最新發布會似乎是一場特效華麗的科幻電影首映，但觀眾離場時大多滿腦子問號。馬斯克畫的大餅暫時沒有具體數據，何時實現大家都沒有底呢。

公司並沒有就自動駕駛的士（robotaxi）計劃供具體細節。就在上述新品發佈會後，特斯拉市值遭遇大跌，反映市場並不買賬。這場 "We, Robot" 發布會如同一場華而不實的表演。馬斯克的願景豐富，但細節匱乏，比如他介紹的 Cybercab 並未提及電池容量、充電速度等關鍵細節。至於能載 20 人的 Robovan，目前看來更像是概念車，距離實際生產還有很長的路要走。

馬斯克對時間表的承諾一向不怎麼靠譜。過去他為每一個"革命性"產品定下的推出時間，都需要打上一個大大的問號。從 2015 年承諾的全自動駕駛，到 2019 年宣稱翌年將有 100 萬輛自動駕駛的士上路，這些豪言壯語至今都未能兌現。現在，他預計 Cybercab 在 2027 年前投產，售價低於 3 萬美元，並預言 2025 年 Model 3 和 Model Y 將在加州和得州實現無人監督下的自動駕駛。

Cybercab 預計在 2026-2027 年實現大規模量產，配置 AI5 晶片，該車沒有充電口，將採用無線感應充電。在該車型大規模量產前，用戶可通過具備無人監督 FSD 完全自動駕駛能力的 S3XY 車型和賽博越野旅行車體驗 Robotaxi 服務，所有特斯拉生產的汽車都將適配，前提是這些車型在美國獲得監管機構的許可後實現無人監督的全自動駕駛，然後會逐步推廣到美國以外的地區。

關於 Cybercab 的運營成本。馬斯克預計，Cybercab 的運營成本隨著時間的推移可能會降到每英里大約 20 美分（約合人民幣 0.9 元／公里），在美國包含稅和其他費用的成本是 30-40 美分（約合人民幣 1.3-1.8 元），每個人都能負擔得起。而美國城市公車每英里的平均成本則是 1 美元（約合人民幣 4.4 元／公里，不是公交票價，因為票價包含補貼）。

特斯拉發佈的另一款無人駕駛車是 Robovan。據悉，這是一輛比 Model Y 更大的車，一次可以搭載 20 個人，既可以做商用出行、私人出行，也可以做校車或者用來運輸貨物，預期將把運輸成本降到 5-10 美分／英里（約合人民幣 0.2-0.4 元／公里）。

Robotaxi 服務發佈離不開特斯拉強大的技術實力。在技術方面，Robotaxi 背後是特斯拉 FSD 完全自動駕駛能力。基於"端到端"大模型演算法和強大的算力，FSD 完全自動駕駛能力將來可以讓特斯拉不依賴高精地圖，就可以在地球上任何一個地方行駛。根據特斯拉規劃，在 2025 年前，"無監督版"FSD 完全自動駕駛能力，會正式在得州和加州兩個地區推出。

外界很關心細節問題。比如 Robotaxi 服務的啟動時間、收費模式、全球各個市場如何推廣的具體計畫、什麼時候實現盈利以及安全事故應對策略等關鍵問題，特斯拉在這次發佈會上並沒有給出詳細的說明。

特斯拉還展示了其人形機械人 Optimus，聲稱它能執行各種人類任務，從遛狗到照看孩子等，價格預計在 2 萬到 3 萬美元之間。馬斯克甚至形容這將是"史上最偉大產品"。但同樣其技術、法規、量產等問題仍是關注所在，難以給予估值。以目前的股價計算，特斯拉未來幾年的市盈率高得驚人。

氫能車的未來

根據中國戰略和政策研究中心的估算，中國汽車碳排放約佔全國總量的 7%，要實現碳中和目標，汽車業必定是減排的重點行業。中國汽車工業協會數據顯示，2020 年中國汽車銷量為 2531 萬輛，其中新能源汽車銷量 136.7 萬輛，佔總數 5.4%；到了 2024 年，新車銷量中，新能源車銷售比例已超過半數。汽車業必定會有結構性的改變，才能滿足減排目標。預期未來 10 年左右，汽車將會三分天下，分別是傳統汽油動力、電動車及氫能車。

氫動力燃料電池的出現，讓新能源汽車有了新的發展方向。氫燃料電池汽車（Fuel Cell Vehicle,FCV）是一種真正實現零排放的交通工具，排放出的是純淨水，具有無污染、儲量豐富、充能時間短等優勢。當氫能轉為液態時會有能源消耗，燃料電池必須有緩衝電池，因此能源效益只有 70%。亞洲地區願意投資氫能車的就只有日本，豐田算是氫能車的先行者，自 2014 年推出首款氫能車，經過 6 年奮鬥，在今年推出升級版，其中續航力由 650 公里增加至 850 公里，但目前仍面對欠缺氫站建設的困難，2020 年日本只有 157 座氫氣充氣站。

氫能車在歐美發展亦不如意。國際間看好電動力將成為汽車業的未來，從國際投資機構、各國政策、充電樁鋪設等都偏向電動車，相反具快速充電的氫能車卻不被重視，事實上，氫能車充電只需 3 分鐘，可享達 600 公里的續航力。

今時今日，特斯拉（Tesla）已建立成超級電動車品牌，不但自家產品熱賣，更帶起電動車熱潮，推動整個電動車行業的發展。特斯拉老闆馬斯克（Elon Mask）很是鄙視氫能，三番四次把其貶低發展氫能車的想法。但是，澳洲礦業大亨 Andrew Forrest 及豐田社長豐田章男卻不約而同支持氫能。邏輯何在呢？

Forrest 所創辦的 Fortescue Metals，鐵礦石行內排名全球第四。去年，Forrest 帶隊到全球 47 個國家考察，尋找綠色商機。身為礦業老前輩，Forrest 察覺到電動車可持續性最大的軟肋，就是電池原料並非再生。"用來生產電池的原料都是有限，但氫在宇宙中卻無處不在"，零排放的未來，肯定需要其他能源。因此，製氫成為公司配合綠色浪潮開展新大計的核心部分。他曾回應說："馬斯克把電池技術形容為綠能科技，但事實上為電池充電的卻是石化能源。"

Forrest 這句說話，與豐田章男所言不謀而合。"如果日本所有車變成電動車，只要到夏天，全國電力供應就會不足。"要支援百分百電動車，日本需要額外投資超過 1300 億美元的相關電力基建。而且日本發電主要利用石化燃料，電動車靠這種電力來源根本談不上環保。豐田章男持續多年投入研發氫能車，亦努力推動氫能基建。

馬斯克則大談太陽能、風電加上電池儲電站這個組合，就是未來解決交通能源問題的最好答案。馬斯克輕視氫能還有一個重要科學根據。"假如用太陽能發電，把水分解，製造氫氣，再壓縮儲藏，對比直接用太陽能充電，效率只有一半。"馬斯克雖然有他的理論，但因為立場關係，其言詞不能盡信。

事實上，以現時的技術而言，電動車電池重、充電又慢，而且在低溫環境表現差，能量密度亦難以應付重型交通工具和煉鋼等工業要求。豐田新一代氫燃料電動車 Mirai，在一項續航力測試中，在充滿氣的情況下行駛了 1003 公里，成功打破了之前氫能車續航力的世界紀錄。該汽車儲氣槽容量約 5.6 公斤，亦即是 1 公斤氫氣可行駛 179 公里之遠，而且只需要 5 分鐘的充氣時間便已儲滿氣槽。

氫能車能快速補充燃料、而且整體碳排放較低，速度與燃油車接近，續航力比較高。不過，氫能車車主必須前往充氣站充氣，而充氣站建設難度高，難以在短期內普及。據野村研究分析師預計，至 2030 年 Toyota 氫能車銷量，約為旗下純電車的一成。

各國政府在這方面都分散投資。美國總統拜登的清潔能源藍圖中，氫能佔一席位；中國亦致力研究氫能潛力，希望能源組合更加豐富。日本一向重視氫能，歐盟想達到的綠色未來，亦把氫能列為重要手段之一。英國、南韓及印度也在推動相關發展。

地球能源的未來遠遠未成定局。碳排放是個超級大問題，單靠一種途徑不足以解決，已漸漸成為國際間共識。氫能發展路也許荊棘滿途，只要聚合足夠同路人，技術與規模的突破就愈有可能。

科網平臺行業分析

電商的各種商業模式剖析

互聯網時代，商業行為愈趨線上化，商品買賣及服務亦不例外，我們統稱為電商。電商（E-commerce）是指通過互聯網進行的商業活動，包括銷售商品或服務、提供資訊或諮詢、進行支付或結算等。踏入廿一世紀，得益於互聯網技術的創新，消費者需求變化，催生了各種電商。而過去二十多年，電商的商業模式也在不斷地演變和多樣化。總結電商的各種商業模式，我們可以理解並探討其優缺點和發展趨勢。

1.B2C 模式

B2C（Business to Consumer, 1P）模式是指企業通過互聯網平臺向消費者直接銷售商品或服務，例如京東、天貓、亞馬遜等。B2C 模式的優勢在於可以減少中間環節，降低成本和價格，提高效率和便利性，擴大市場覆蓋範圍，增加消費者的選擇和滿意度。

B2C 模式的挑戰在於需要建立完善的物流和售後服務體系，保證商品的質量和配送速度，處理消費者的退換貨和投訴等問題，提高消費者的信任和忠誠度。

2.C2C 模式

C2C（Consumer to Consumer, 3P）模式是指消費者通過互聯網向其他消費者出售或購買商品或服務，例如淘寶、拼多多、轉轉等。C2C 模式的優勢在於可以充分利用閒置資源，創造更多的交易機會，滿足消費者的個性化和多元化需求，促進社會經濟的循環和共用。C2C 模式的挑戰在於需要規範和監管交易行為，防止假冒、欺詐、侵權等現象，保障交易安全和公平，維護消費者權益和市場秩序。

上述兩種模式略作比較。最成功的電商亞馬遜，其營運初年也十分慘情。每年營業額都是近翻倍增長，卻就是賺不了錢。因為其時走的是 1P（first party）路線，即先從品牌買入存貨，再賣給消費者。雖然付少了租金，但存貨同樣會積壓大量資金，且又會和品牌競爭，賺到的錢要再投入物流，故此也賺不到什麼錢。

到 2014 年前後，亞馬遜經營成本低了許多，盈利卻滿滿的 3P（third party）模式，即幫助品牌把貨品放上網賣，賺取廣告費和佣金，加上雲端業務大爆發，公司現金流才大幅改善，股價開始急升，投資者終於有錢賺。

內地電商也走過類似的道路。京東（09618）走的是 1P 路線，凡事親力親為，物流做得好，惟開支巨大（近 50 萬名員工），即使賺到錢也是要再投資，投資者不容易獲利。阿里巴巴（09988）走的是 3P 模式，開網上商場，其成本低得多，市值以及商品交易總額（GMV）較京東大許多。

現時 3P 模式進一步發展為社交電商，消費者可以看到朋友買了什麼，覺得好的，自己也買，探索到之前自己沒感覺到的需求。例子包括直播帶貨、抖音、快手等都是這種模式。某件貨品訂單上升後，平台可組成大型訂單，要求商家給予折扣。傳統電商上的賣家很多時都是買手，一層層的買手，讓生產商不知道市場真實需求是多少。

社交電商則是從消費者訊息中整合，找出真實需求，發給製造商，由源頭取貨（C2M, Customer to Manufacturer），有助爭取降價，讓消費者受惠。拼多多在整合源頭方面做得十分出色。中國有全球最好的供應鏈，便宜只是表象，背後是更低的運營成本和更高的運營效率。

全球化下，各主要經濟體其實形成了一個大市場，故中國網購的轉變和競爭，不只影響國內，同時可能左右國際網購形勢，走出國門，與天下群豪爭鋒。拼多多旗下的 TEMU 正是如此。

3.B2B 模式

B2B（Business to Business）模式是指企業通過互聯網向其他企業提供商品或服務，例如阿里巴巴、華為雲、微軟等。B2B模式的優勢在於可以實現企業間的資訊共用和協同作業，提高供應鏈管理和生產效率，降低交易成本和風險，增強市場競爭力和創新能力。B2B 模式的挑戰在於需要建立穩定和長期的合作關係，協調各方的利益和需求，解決技術相容和標準化等問題，保護商業機密和知識產權。

4.O2O 模式

O2O（Online to Offline）模式是指通過互聯網引導消費者從線上到線下進行消費活動，例如美團、滴滴、酷家樂等。O2O模式的優勢在於可以結合互聯網的便捷性和實體服務的體驗性，提供更多的消費場景和方式，滿足消費者的多層次和差異化需求，促進線上線下的互動和融合。O2O 模式的挑戰在於需要保證服務質量和水準，處理消費者的預約、取消、退款等問題，平衡線上線下的資源和利益，適應市場變化和消費者偏好。

互動式零售

傳統零售的一大障礙，是消費者的集體訴求無法讓品牌知道，品牌在設計產品時，不知道消費者的想法。科技進步下，從前的不可能，現在已變得可能。

互動式零售是一種結合線上和線下銷售的模式，讓消費者可以通過多種管道與品牌互動，獲得更豐富的購物體驗。互動式零售會整合不同的數據來源，建立一個統一的顧客畫像，並提供個性化的服務和推薦。

零售最怕的就是庫存。但一開始只少量生產，又不符合經濟效益，因為工場每次開機成本都很高，品牌自然希望能生產多一些。

內地快時尚品牌 SHEIN 近年迅速崛起，短短幾年已經能挑戰行業龍頭 Zara 和 H&M，靠的便是"小單快返"模式：每天平均上架 2000 件新款，不先大量生產，而是製造少量來測試市場反應，看到某件貨品獲大量按讚、收藏或留言，知道有機會成為爆款，才大量生產（當然也可按消費者意見修改），避免庫存。工廠雖然一開始生產的小單會虧損，但之後的爆款會讓它賺回來，故也願意配合。

SHEIN 聆聽消費者的聲音，只專注消費者感興趣的。溝通有效，大量生產，成本又降低了。如果薄利能夠多銷，相信大部分商家都願意。消費者用腳投票，投出爆款，然後平臺說知道了，便專注爆款。訂單愈多，價錢便可愈低，反過來又吸引更多訂單。

由消費者主導各種貨品相信大有可為。傳統電商即網上商場，把貨品放上網賣。新型電商則在此之外，還推出萬人團。

舉例一盒手抽紙兩元，買 5 盒，均價可低至 1.9 元；若買 20 盒，甚至可便宜至每盒 1.5 元。平臺有消費者的購買和瀏覽紀錄（當然還要配合大數據及 AI 技術做得好），知道需求所在，便問品牌可不可以降價，並予以流量，產品便變成為爆款。更有甚者，可問品牌能否按消費者需要，設計新產品。拼多多做的就是整合生產商，把最便宜，性價比最高的產品推向市場。包括其旗下國際品牌 TEMU 今年來大有長進，也是利用了中國供應鏈優勢。

新型電商不是要 1000 家賣兩元手抽紙的賣家，而是要 50 家可以賣 1.5 元的。它不是要 20 萬個 SKU（庫存單位），而是要具競爭力的 2 萬個 SKU（避免庫存）。手抽紙這裏買最便宜，消費者得到實惠，品牌薄利多銷，平台流量上升，皆獲利。這個模式與 COSTCO 極相似，不追求產品多樣化，而是把最受歡迎的 90% 產品以最低價格出售，成功搶奪市場絕大部分份額。

商業競爭，新進不應做前人一樣的事，而應該做和前人不一樣的事。錯位競爭，增長才快。商業世界講顛覆，無非從幾個角度出發：成本效益、商業模式、技術創新。

內地電商風起雲湧

世事變幻莫測，到了互聯網時代，行業的更替、週期起伏愈來愈快，曾經的中國電商龍頭阿里巴巴（09988）增長放緩、業務分拆遇阻，被競爭對手步步緊迫。

阿里市值高峰出現在 2020 年 10 月，當時曾超越 8100 億美元，此後股價持續下行。創立於 2015 年的拼多多是內地電商業的後起之秀，憑藉"社交拼團"模式突圍，主打低價爆款商品。在內地電商增長放緩的背景下，依然展現強勁的增長勢頭。

拼多多高速增長背後，旗下在海外上線的跨境電商平臺 Temu 功不可沒，Temu 主要向海外消費者銷售中國製造的超低價商品。券商野村 2023 年曾以"火力全開（Firing on all cylinders）"為題發表報告提到，拼多多中國業務盈利預期繼續改善，海外業務 Temu 將成為集團收入增長的新引擎。

內地電商市場格局雖沒有顯著改變，但抖音的直播電商及拼多多的低價團購，均在各自的細分市場發力，從成長性而言優於阿里和京東（09618），且正在蠶食傳統電商平台的份額。拼多多擁有更高估值，投資者除了看中其成長性，亦因業務模式嶄新，在海外更容易取得成功，傳統電商平臺拓展海外市場，則需與當地市場的對手競爭。

略談騰訊、阿里

騰訊（00700）和阿里巴巴（09988）皆屬中國最優秀企業代表，猶記得 2016 年之前，阿里的市值長期高於騰訊，被超越後拋離得愈來愈遠。原因何在？

過去多年，騰訊並非沒有遭遇重大打擊及挑戰，例如中央政府"鐵拳監管"網遊行業就令該巨擘首當其衝，抖音的強勢崛起也嚴重威脅騰訊的"社交平臺一哥"地位。惟騰訊勝在根基深厚，加以其核心管理層長期穩定（馬化騰目前仍任董事長兼 CEO，劉熾平亦自 2006 年起出任總裁至今），近年在戰略上沒犯大錯，平平穩穩逆境求進。

騰訊在業務佈局方面，其 AI 發展處於國內領先地位，其賦能於現在廣告業務將帶動收入動力；另外，在強大的流量引流下，小程式、視頻號及金融業務亦處於穩定甚至有增長的狀態。最後，遊戲佈局經歷數年低增長後，隨著中國放開監管及新的爆款遊戲推出，市場對此亦有所期待。

相較之下，阿里創辦人馬雲眼光宏大，他很早就為阿里設定全盤佈局，主要信念建基於中國進一步消費升級（業務主力因此由“淘寶”轉向“天貓”）、改革開放（例如銳意發展螞蟻集團，押注於中國金融業開放）、全球化持續推進（因而在海外進行大量投資及收購）。豈料人算不如天算，這三項期待的趨勢近年都面對逆流，中國消費市場由“升級”變成“內捲”和“降級”（比“淘寶”更便宜的“拼多多”成為大贏家），各行各業被加強監管（螞蟻集團IPO觸礁，業務大幅收縮），全球化轉為“去風險化”（“去中國化”）。

與此同時，馬雲先後卸任CEO和董事會主席職務，阿里的管理層班子又換了幾輪，缺乏一個靈魂人物帶領集團調整經營策略。

直至2023年9月，元老蔡崇信臨危受命，接掌阿里主席一職，揚言要徹底改革，推動阿里返回正軌，包括重新專注於電商主業、縮減非核心業務等。改革方向頗受市場認同，但或許還需要經過一段時間才可看見具體成績。

為什麼淘寶的低價策略無法贏過拼多多

我們回顧了淘寶過去的發展，可以看到淘寶和拼多多服務的商家屬性是很不同的。

阿里系更多是服務於"商家"的經營者，相當於將實體"步行街"上面的商家搬到網上，他們是屬於零售商，對於零售商來說"品牌價值以及對批發商的議價能力"是他們的經營價值，也是他們在售賣同類產品的時候，能有較大價差的來源。

對於批發商而言，阿里並沒有在 1688 上投入太多的扶持，或者說只是較為簡單的成為一種線上批發管道，是純粹的 To B 業務。通過淘寶、天貓聚集足夠多的零售商流量後，再通過 1688 這個管道來為批發商匹配這個"零售商蓄水池"裡面的"水"。

過去的阿里更多的資源聚焦在能夠產生更厚"品牌溢價"的零售商中，零售商"品牌"的構築就離不開 S&M 費用的開銷，通過差異化的行銷，提高大家對品牌的"接受度"，對於天貓淘寶來說，這些店鋪的 S&M 就是他們的收入。而對於大多數的小工廠小作坊來說，他們沒有餘力以及能力去做這些品牌的構建和開銷，他們更多的關注規模效應下，單位成本下降所帶來的收益提升，效率提升，所以對於阿里來說，創收的價值是偏低的，而且對於成熟的店鋪來說，和穩定的供應商合作是合理的趨勢，所以通過線上管道達成的訂單一般是低複購的（"第一單"試用之後，就會達成更多的線下訂單），這也是 2B 業務其實對平臺而言，價值沒有 2C 的店鋪高。

隨著平臺的發展，逐漸變得擁擠後，店鋪獲得流量的成本被推高，同時，由第一批"嘗到螃蟹"的店鋪的推廣下，已經出現了明顯"品牌"效應情況下，大店鋪在獲得流量的能力（資金）以及消費者的偏好傾斜下，中下游以及新進入的"店鋪"的進入門檻進一步被推高，而這些中下游"店鋪"和這些小工廠小作坊是沒有強協同效應的，店鋪的"進貨成本"是非線性下滑的，而是以某個量級的進貨量梯度下降的，所以議價權在工廠方。因此，這些店鋪逐漸的"被優化"，對店鋪來說，關店止損是很輕易的，但是對於他們背後的許多相對重資產的小工廠和小作坊，他們是沒有辦法輕易倒閉，他們也沒辦法扶持"淘寶店鋪"去衝擊這些頭部的"店鋪"。

　　拼多多的出現解決了這個問題。首先，拼多多弱化了店鋪的"品牌"價值，工廠或者小作坊開店之後不需要對"店鋪"進行精美的包裝，用戶也不會特意的到他們的店鋪裡面進行商品的挑選，大大降低了他們直接對接消費者的門檻。同時，他們的推廣方式也簡單明瞭，店鋪參加"百億補貼"的活動就能獲得曝光和流量，對於商家來說，只需要在 GMV 的基礎上支付一個 5% 以下的技術服務費，就完成了推廣，簡單快捷。

　　其次，拼多多抓住了這些工廠和小作坊的痛點，就是規模。拼多多知道他們需要能產生規模效應的訂單需求，在規模效應下，邊際成本也會自然下降，這種情況下就會有降價獲得市場份額的可能。所以，拼多多以低價為切入點做流量的分發，價格低就可以獲得流量，對於工廠和小作坊來說，這是他們可以控制的，而邊際成本是嚴格遵循規模效應線性下滑的，所以，他們願意以價換量。

那麼回到最初的問題，為什麼淘寶沒辦法複製拼多多的低價策略？

首先，淘寶的背後是"店鋪"，對於店鋪的經營者，他們的價值實現在於通過行銷等手段在消費者心中留下"品牌"認知，從而店鋪可以掌握"品牌溢價"的定價權，此外，通過獲得足夠多的訂單，以及合理的庫存管理，在進貨價格上，從供應商手中獲得梯度下降，從而增厚收益。因此他們不存在強規模效應，任何的降價行為都是對"店鋪品牌溢價的縮減"，他們並不像工廠企業可以通過以價換量，從而達到規模效應，邊際成本線性下跌。所以，淘寶背後的這些店鋪並沒有以價換量的原始動力。價格戰只能是他們短期守住份額的策略，而不是長期戰略。

其次，基於這種情況下，淘寶主站也不可能模仿拼多多的模式，因為這樣做，相當於將過去扶持起來的"店鋪"的背後的生產商，拉到平臺中一起競爭，這無異于完全推翻淘寶過去的一切。所以，他們推出了陶特（淘寶特價版），這時候如何獲得流量就成了問題，因為拼多多的瘋狂推廣是有微信在背後助推，在微信裡互相砍一刀的病毒式入侵下，流量成本是很低的，而陶特沒法這麼做，那麼，他獲取流量的入口還得是來自與自身的平臺。但是淘寶只能做為陶特的一個流量入口，並不能像拼多多的主站一樣那麼純粹大張旗鼓的用很大版面去引導大家進入，因為無外乎還是"店鋪"和背後的工廠之間的矛盾的問題。要怎麼權衡"淘寶"和"陶特"，這是阿里很頭痛的地方。

再次，淘寶的促銷也好，低價策略也好既然都沒辦法和拼多多的媲美，那是為了什麼去做這些事。我們認為是基於守住自己的根基"品牌的店鋪"，為了防止拼多多通過低價將對"品牌"有需求的用戶都搶走。

最後，關於出海 TEMU 通過低價瘋狂吸食全球用戶，其成功能否延續，關鍵在於這裡的低價是不是可持續的，其他人是否可以複製？這裡就要回到拼多多和其他電商的"低價"出發點了，淘寶，天貓，京東，Amazon 也好，他們的背後的生意起源是"店鋪價值，品牌價值，服務價值"對於這些店家來說，低價是他們面對競爭時的防守策略，是短期的、不可持續的。而拼多多的低價是來自於對生產規模效應的訴求，以價換量是拼多多背後的產業鏈的長期戰略。因此，他們的低價是完全不同層次的。

我們看一組資料可以看到中國的產能過剩是會存在的，無論是因為技術進步，還是持續的資本開支，中國規模以上的工業企業數量在一直攀升，產值在不斷上升。對生產規模效應的追求是恒定的主題，因此，這是我們認為拼多多能一直保持低價策略的原因。

對於跨進業務最重要關注政策和物流成本的控制。如果拼多多做成了，那麼在跨境物流上面做到高效、便宜，實惠的時候，temu 的護城河將會無限高。

半導體行業分析

晶片是未來人類發展的戰略資源，我們相信這個行業值得長期關注，而當中的強者更幾乎是投資的必選標的。

說晶片是戰略資源，因為它已經滲入到生產與生活的所有領域。晶片的主要用途可分為：

（1）智慧手機，包括處理器、螢幕控制、無線充電、生理感應器、人工智慧應用等；

（2）高效能運算（HPC），包括中央處理器（CPU）、繪圖處理器（GPU）、加速器、高速網絡晶片等，可以應用於個人電腦、伺服器、平板電腦、遊戲機、數據中心及 5G 基站；

（3）物聯網，包括用電控制晶片、聯網晶片、感測晶片等，可以應用於智慧穿戴、智慧音箱及監視系統；

（4）車用電子，包括處理器、感測器、光學雷達（LiDAR）、電源管理晶片等，可以應用於電動車、先進駕駛輔助系統（ADAS）及資訊娛樂系統；

（5）消費性電子產品，包括人工智慧等，可以應用提高電視畫面品質及語音控制。

晶片用途五花八門，還可以應用於航空航太、醫療教育、基礎設施建設和運行、工業機械、交通運輸等。

我們在全球多個市場構建了從設計、代工、應用的全產業鏈龍頭半導體相關企業，我們相信這會是一個持續很長的趨勢。而且無論是哪個環節，一旦龍頭企業建立起相關優勢，後來者是難以挑戰的。最簡單的一點，這是個技術、資金、管理需求都很高的行業，如此入門檻，競爭格局可謂一目了然。因此，挑選行業中的優勢企業就對了。

設計晶片軟件（EDA）

半導體是未來世界科技、經濟的主要命脈，猶如石油之於今天的人類一樣重要，對於這個行業的學習興趣很大，今天來聊聊EDA。EDA全名為 Electronic Design Automation，主要用於晶片及集成電路設計。由於行業門檻高，同時晶片設計密度愈來愈精密，加上設計成本攀升，EDA已成為設計晶片必需品。

2020年全球EDA市場規模達72.3億美元，按年升10.7%，亞太地區更砌低北美成為全球最大市場，內地EDA市場增長亦相當迅速，2020年銷售達66.2億元人民幣，按年升19.9%。美國軟硬科技實力全球第一，其他國家難以動搖。在EDA，同樣執世界發展之牛耳，美國兩大EDA廠商 Synopsys（SNPS）及 Cadence（CDNS），聯同西門子旗下 Mentor Graphic，合共霸佔整個市場八成份額。

英特爾超級晶片廠的啟示

英特爾（Intel）2021年宣佈豪擲200億美元，在美國本土興建兩座超級晶片廠，是什麼動機？有何啟示呢？美國對供應鏈進行全方位體檢，尤其對科技產品進行檢視，英特爾的舉措算是積極回應，另外這同時象徵產業鏈分工今後不再只看經濟效益，還有多一重政治考慮，科技巨擘尤其需要適應新時代。

現代經濟體系的全球化（Globalization）始於二十世紀初葉，隨著貨輪、飛機等長途運輸技術進步，歐美發達國家開始把產業分工（division of labor）從本地擴展至海外，主要是把一些勞動密集、低技術的生產活動轉移至新興經濟體，以節省成本及提升效率。

自中國 2001 年加入 WTO 至今約 20 年，以中國為首的亞洲經濟體，不但製造業生產規模已超越歐美體系，個別領域技術水準也在步步進逼，從家電、手機到領先的華為 5G 專利例子很多。儘管歐美體系仍具有一定主導權（例如晶圓代工先進設備仍死死掌握在荷蘭的 ASML 手上），但東方地區卻漸有反客為主之勢。一些原因導致全球供應鏈一度受阻。

美國產業鏈一大“致命短板”為晶片過分依賴海外代工，具體點說是過於依賴台積電這一家公司，因後者獨佔了美國超過 80% 高端晶片供應。萬一台積電在極端情況下“斷供”，從蘋果 iPhone、Tesla 電動車到醫療儀器，都被逼要停產。

台積電現今獨大形勢由多重因素構成，包括Intel、Qualcomm 等晶片巨擘自 1990 年代起推進全球化分工，專注於高價值的晶片設計業務，而把生產業務外判予代工廠商。另外，李國鼎早於 1980 年代押注於半導體產業戰略，並把張忠謀這個天才從美國邀請回台創業，種種機緣共同促成了台積電奇蹟。而台積電目前獨佔高端晶片絕大部分供應，相信遠超人們最初預期。

高端晶片生產由台積電一家獨大，兼且技術極為精密複雜，即使美國業界掌握大多數專利，但一座廠房由動工到建成，再到測試以及全面投產，至少要花 5-7 年時間，所以必須盡快起步，待"出事"才應變就太遲。

未來，各大經濟體系將更注重晶片、醫藥等關鍵產業鏈的本土化保障（歐盟 19 國政府亦擬提供 500 億歐羅補貼，利誘晶片業界重返歐洲建廠）。相關領域的管理層及投資者都要跟上新形勢，不能夠再只看經濟效益計數。

到了 2024 年末，Intel 未能等到好日子的到來，就因為現金消耗、效益低下等原因，宣佈出售晶圓代工業務，CEO 亦宣佈正式退任，看來這次它沒有迎來新的春天。

淺談英偉達的競爭優勢

在 AI 急速發展的當下，英偉達獨佔市場 80% 的份額，各大廠一芯難求，公司因而賺到盤滿缽滿。商業世界就是當某行業或公司大賺時，必然吸引更多競爭對手參與，但至今市場仍未見到英偉達的真正挑戰者出現，其護城河之堅固可想而知。

專家指出，英偉達研發的計算平台與程式設計模型 CUDA 是難以被挑戰的，該模型已產出很多代的 GPU 或芯片，技術慣性強，用家黏附度極高，主要體現在庫的強大。2024 年 6 月舉行的台北國際電腦展上，創辦人黃仁勳發揮一貫輝達最強 sales 的本色，除了大談新晶片如何厲害、如何能為顧客省錢外，亦在台上花了不少時間重點描述英偉達庫如何多元化及多用家。

庫是程式開發人員在程式設計過程中不可或缺的重要工具。簡單而言，庫內有一組組預先編寫好的功能和演算法，開發者可以直接運用，省卻從零編寫代碼的麻煩，大大提高工作效率。庫可把複雜功能和演算法打包，毋須深入理解底層細節，能輕鬆使用，降低程式設計難度。而且庫內代碼一般經過嚴格測試與優化，品質有保證，具高穩定性和可靠性，大家都放心使用。

今時今日，愈多人利用英偉達庫為其系統開發應用功能，其晶片與技術獲得的支持度廣泛，兼且用途多，從而吸引更多新用戶；反過來，用戶基數大，平台對開發者愈吸引，愈值得投入資源開發相關產品。兩方面結合，形成一個強大正循環。

　　這些特定領域的庫是英偉達的珍寶，總共有 350 個。正是這些庫使英偉達能夠打開如此多的市場。這些包括常用的數據處理庫，用於路線規劃優化、解決旅行社問題的庫，專門為光刻平台處理晶片製造中精密計算工作的庫，還有基因測序庫、電訊網絡庫、用於流體動力學和許多其他應用中的 AI 物理庫等。

　　公司花了 20 年時間，一個領域的庫接着一個領域的庫，現在全球有 500 萬開發人員使用英偉達平台。順帶一提，全美估計有 400 多萬開發人員，全球數目約 2700 萬人。用 20 年磨一劍，終於踏上 AI 快速列車，過程中 CUDA 以及 CUDA 庫扮演關鍵角色。說到這裡，就不難理解為何 AMD 與英特爾被打得貼貼伏伏。

　　雖然貴為 AI 晶片霸主，遙遙領先，但英偉達繼續追求最高運算速度，帶領全行業在技術路上狂奔，從而築起一道更深更廣的晶片技術護城河。該公司剛宣布新一代 Blackwell 晶片架構，以及基於此架構推出的一系列更強晶片沒多久，CEO 黃仁勳又拋出再下一代、以美國女天文學家魯賓（Vera Rubin）命名的 Rubin 架構，充分顯示他不單絲毫沒有慢下來的跡象，反而在加快研發與推出新產品的步速。雖然其他晶片公司正快速升級技術，但面對一個永遠對電腦功能不滿足、一路狂奔的可怕對手，距離被不斷拉開則似是現實的殘酷。

要把競爭優勢與高估值結合來看是一道藝術判斷，前者是公司高增長的動力及支持，後者則是一種疑問，若不想純粹作一個賭徒式投資，用平衡的組合管理或是一個選項。

為英偉達估值把把脈

英偉達給全球科技公司帶來很多啟發。比如，摩爾定律下的持續強研發，再比如把產品的科技屬性升級為消費屬性的跳躍，當然還包括黃仁勳所強調的"如果不全力以赴，英偉達將30天內破產"的危機意識和企業家精神。其成功也把自己市值一度推至全球最大，但接踵而來的估值疑問也愈來愈多。

繼2024年6月18日登頂全球資本市場市值冠軍寶座之後，其股價持續攀升，雖然未來前景一片光明，但誰也說不準，畢竟估值超高，如何看待是好呢？

回購和增持一直是支撐美股尤其是科技股上漲的重要動力。以回購為例，蘋果、Alphabet等科技龍頭都曾批准了數百億美元甚至上千億美元的回購方案，減少流通股成為推升股價的催化劑。

反觀英偉達，包括公司CEO黃仁勳、首席財務官等在內的一眾高管多次減持，給公司股價帶來負面衝擊。

另一方面，英偉達營收的快速增長、健康的現金流，以及利潤增長，這些都是支撐股價大幅上漲的堅實後盾。

最大的邏輯在於其產業地位。目前，英偉達在數據中心的 AI 晶片市場約占 80% 的份額，像 OpenAI、微軟、Alphabet、亞馬遜、Meta 等科技巨頭都在爭搶其處理器以支援他們的 AI 模型。這種近乎壟斷的市場地位，比當初蘋果發佈 iPhone 4 時的市占率更誇張。

但也有越來越多的市場參與者在提防 AI 狂歡後的落寞。以歷史視度看，2000 年前後的互聯網泡沫時期，主營通信設備的思科，股價也是從 2.27 美元左右漲到 80 美元，漲幅接近 34 倍。雖然從基本面來看，思科業績確實也保持了高增長；但是之後連續數年持續大跌，股價腰斬，互聯網泡沫破滅，最終迎來估值回歸。

從最高超過 43 倍的股價漲幅來判斷的話，英偉達的股價增幅已經超越互聯網科技泡沫時期的任何美國公司。AI 泡沫是否也有破滅時刻，至少是回歸理性時刻，也成為市場越來越關心的話題。

壟斷往往既是暴利的源頭，也是顛覆的起點。一方面有來自反壟斷調查的預期，甚至會否面臨類似標準石油公司一樣的拆分命運，尚未可知；另一方面，AI 客戶不願被晶片“卡脖子”的意願是逐漸增強的，不僅包括微軟等巨頭在斥鉅資投資 AI 晶片，國內也有華為等 "平替" 龍頭的銜枚疾走，未來英偉達潛在的競爭壓力或會增大。

微軟創始人蓋茨指，AI 門檻並不高，技術改進必須傳遞給用戶才能撐起來高估值，而英偉達僅僅是一家晶片設計公司。從他的視角來看，硬體公司往往是很難長期做到 "人無我有" 的，這也是資本市場歷史上，"三萬億美元俱樂部" 成員幾乎都是 To C 業務模式的原因。

我們沒法真正得到一個確切的答案，不想錯過盛宴，只能用合適的倉位及時刻保持理性的態度應對。

成就英偉達的英雄人物

人人希望自己的人生可以 "開掛"，創造輝煌。在現實中，晶片巨擘英偉達老闆、來自台灣的黃仁勳，便有這樣的 "開掛" 經歷。他先後食正電腦遊戲、3D、VR、加密貨幣、元宇宙等浪潮，最近還成為 AI 大贏家，該公司市值突破 3 萬億美元，比特斯拉更值錢。黃仁勳兼具才能與運氣，更重要是每每在關鍵時刻做出正確選擇。

黃仁勳 1963 年生於中國台灣，9 歲那年偕家人移民美國，後來入讀史丹福大學，獲電子工程碩士學位。畢業後他曾効力AMD、LSI 等晶片公司，累積大約 10 年工作經驗。及至 1993年，30 歲的黃仁勳在加州創業，用全副身家 4 萬美元成立英偉達Nvidia；當時他覷準電腦遊戲（PC games）逐漸流行，但大部分中央處理器（CPU）晶片不足以運算複雜畫面，於是希望研發專門繪製畫面的圖像處理器（GPU）晶片，填補 CPU 不足。

1998 年，英偉達 Nvidia 第一款 GPU 面世，名為 RIVATNT；適逢 Diablo、FIFA、Rainbox Six 等電腦遊戲風靡全球，該 GPU 有助畫面質素及運算速度大幅提升，極受玩家歡迎。英偉達 Nvidia 創業打響頭炮，翌年（1999 年）趁着科網熱潮登陸Nasdaq 上市，進一步充實發展資本。

後來 3D 立體遊戲大行其道，對 GPU 要求更高，一張高階顯示卡售價由最初千多港元，逐步提升至數千甚至逾萬港元；英偉達Nvidia 身為 GPU 市場一哥，業務規模水漲船高。

英偉達 Nvidia 另一個轉捩點出現於 2015 年，加密貨幣熱潮逐步興起，全球幣圈中人原本使用 CPU "挖礦"，後來有人發現，GPU 的浮點運算功能 "挖礦" 效率更高，於是紛紛搶購 Nvidia 顯示卡作為生財工具，刺激需求猛增，甚至令顯示卡售價被炒貴幾倍，有遊戲玩家投訴一卡難求。Nvidia 因而賺大錢，公司市值由 2015

年初約 200 億美元，到 2018 年升至接近 2000 億美元。

"幣市"於 2021 年底見頂急跌，Nvidia 銷售需求亦大受影響；原本市價數千元的二手"礦卡"，一度大批湧現於內地城市路邊攤，一折價錢大平賣。但鴻運當頭，誰也阻擋不了，這邊廂幣市爆煲，那邊廂 Facebook 進軍"元宇宙"概念（且把公司名稱改為 Meta），掀起 metaverse 熱潮。由於"元宇宙"很講求 3D 和 VR 效果，令 Nvidia 的 GPU 需求重新獲得支撐。

儘管"元宇宙"熱潮曇花一現，卻適逢輪到人工智能（AI）出場。AI 同樣很依賴 GPU 浮點運算，Nvidia 不消說，再次成為大贏家；從微軟、谷歌到 Tesla 等相關科企，爭取向 Nvidia 採購數以萬顆計的 GPU 晶片，致該公司嚴重"爆單"，具備條件大幅加價。

自 2015 年至今，Nvidia 股價累飆近 100 倍。Nvidia 在發展過程中多番集資及分派股票，藉以吸引研發人才，致黃仁勳持股被攤薄至目前僅約 3.6%；即使如此，按最新股價計算，黃仁勳身家仍超過 300 億美元。

年屆花甲的"老黃"仍擔任 CEO，親自掌舵 Nvidia 發展。他近日強調"AI 大周期"只是剛剛起步，料這股趨勢會持續數十年，對世界的影響將超乎 2007 年 iPhone 誕生。

不過從另一方面看，Nvidia 最新市銷率和市盈率分別接近 30 倍和 200 倍，再考慮到其巨大市值，這種估值水平不容易用 "常理" 看待。市場現時把 Nvidia 視為最具代表性的 AI 概念股，一定程度上產生 FOMO（Fear Of Missing Out）心態，無論多貴也要 "上車"。倘若 "老黃" 所言非虛，意即目前是 AI 數十年大周期的起步，而 Nvidia 將持續成為此周期大贏家，該股估值水平才可得到驗證。

自創業後，Nvidia 也曾面對不少十字路口，須押注新一代技術方向，很大程度上 "搏一鋪"；黃仁勳獨具慧眼，儼然享有 "穿越式" 視角，幾乎 "鋪鋪中"，讓該公司一騎絕塵，逐漸淘汰 3dfx、Quantum、S3 Graphics、Matrox 等競爭對手，稱霸 GPU 市場。目前只剩其老東家 AMD 仍有力一拼，但雙方勢力差距也日益懸殊，Nvidia 市佔率接近 90%。這種強運，簡直猶如天選之子，怎樣持續下去，不是人能夠分析的。因此故事好看，從風險回報的角度參與，還是不可以太大倉位。

黃仁勳的 AI 夢

輝達（Nvidia）創辦人兼 CEO 黃仁勳成功有目共睹，他性格堅毅不拔，相信是一大關鍵。只要認定了目標，相信路向正確，便會義無反顧，一直堅持下去，即使遇到挫折，也不輕易言敗。引述他自己的話，是這樣說的：“要讓我氣餒很難，從小到大一直如此。”“我會一直做，直到把事情做好為止，很難有東西令我分心。”“即使抵受極度痛楚，都能堅持到底的意志力。”

2022 年底 ChatGPT 引發 AI 狂熱，至今一直在燃燒，沒有停下來的跡象，熱潮令背後驅動新一代聊天機械人的 Nvidia 晶片，一舉成為 AI 晶片王者，雄霸八九成市場。大獲全勝與公司一早發展配套軟件有深厚關係。這套軟叫名叫 CUDA。早在 2007 年，Nvidia 首度研發出 CUDA 並公之於世。借此嶄新程式模型，配合公司的圖像晶片，黃仁勳希望能提升電腦應付科學運算、物理模擬、影像處理等工作的能力，從而展示自家晶片如何厲害。然而，自 IBM System 360 以來，CPU 運算模型已被公認為舉世標準長達 60 年。

創立一個全新運算方式，本身就非常困難，但要世人認同與採用，尤其是放棄固有的一套，難度指數何止倍升。新技術可成可敗，如何能夠令開發員願意花時間精力用 CUDA 寫應用程式？推廣 CUDA 額外成本相當高。公司利潤有一段長時間被拖低。股東都懷疑是否值得投資 CUDA，要求管理層把焦點放在改善利潤之上。不過，黃仁勳頂住壓力，繼續堅持原來的計劃。

一番努力後，從震測處理、分子動力學、粒子物理學、流體動力學到影像處理，一個接着一個使用其技術。公司與每一位開發者合作撰寫他們的演算法，因此進步非常快，到了 2012 年，AI 研究者發現了 CUDA。然後再過 10 年，ChatGPT 旋風在 2022 年底出現，黃仁勳的 AI 夢才算實現，前後長達 15 年。

有遠見，意志又超級堅定，最終將 Nvidia 推上最有價值晶片公司的寶座！反思：對的心理質素，必須遇上對的決策，以及足夠運氣，才會有好的結果，否則就是反效果。賭上一切的 CEO，也可能會因為運氣不好而倒在半路上。堅持與固執，也只是一線之差，不以成敗論英雄，宜客觀分析、對待。

由 HBM 帶來的巨大商機

分析指出，全球硬件科技競爭都在人工智能（AI）領域，過往市場只看重運算能力，如今存力（即存儲的力量）及運力（即網絡運輸力量）變得更重要，以應付更多應用情景，高頻寬記憶體（HBM）將是一個重要戰場。

一般投資者對 HBM 或較陌生，其實是 DRAM 晶片的一種，DRAM 則是記憶體晶片之一，為處理器提供快速存取能力，使電腦、手機或數據中心工作更流暢。雖然中央處理器（CPU）具有通用晶片特質，但用於訓練與推論 AI 模型效率低，絕對是大材小用。

至於圖像處理器（GPU）則透過平行運算，能快速處理大量數據，但 GPU 附近通常要分布 12 粒或 16 粒 DRAM 晶片，隨着 AI 模型愈來愈大，單是 Transformer 模型規模平均每兩年大升 410 倍，由於數據量巨大，以往 GPU 與 DRAM 聯繫的技術難以負荷。

幸好新一代晶片技術封裝能較好解決上述問題，方法是把多個 DRAM 堆疊後，再與 GPU 一起封裝，通過增加帶寬、擴展內存容量，組成一個組合陣列，能讓更大模型與參數，留在離核心計算較近地方，以減少內存和儲存帶來延遲的問題，這就是 HBM 晶片，由於 HBM 技術明顯升級，因此價格是傳統 DRAM 的 5-6 倍。

DRAM 類儲存晶片的生產相當集中，基本上由南韓三星電子、SK 海力士與美國美光近乎三分天下，大約佔市場份額 40%、30% 及 25.8%，即合共近 96% 市佔率。

SK 海力士最初推出 HDM，其實與輝達（Nvidia）對手 AMD 合作，2023 年再出新一代 HBM3E 晶片，主力向輝達供貨，由於

AI需求太旺，帶挈 SK 海力士 2024 年首季業績轉賺 1.92 萬億韓圜，遠超市場預期的 9167 億韓圜，還稱 HBM 生產配額已經全部售罄。

美光季績亦不失禮，2024 年開始向輝達王牌 GPU H200 供應 HBM3E 晶片，令美光 2024 年一季度也轉賺 7.93 億美元，總收入達 58.2 億美元。

SK 海力士與美光未來估值更有擴大空間，過往 DRAM 股估值大多壓於 10 倍樓下，因有商品周期特質，正如航運股一樣，令估值偏低，但隨着 AI 時代來臨，周期性需求有望改變為持續穩定性增長，將推動估值上揚。回望由 2022 年底至 2024 年 5 月 24 日止，以美元計算，美光與 SK 海力士分別大升 1.6 倍及 1.5 倍，漲幅雖不及輝達（6.3 倍），但跑贏台積電。

各大廠商不想錯過 HBM 帶來的巨大商機，都願意花巨資擴大產能，單是 SK 海力士便計劃斥資 146 億美元，在南韓建設新的儲存晶片廠，以應對 AI 快速增長需求。美光則據報將進軍日本廣島興建新 DRAM 廠，涉及金額最多 50 億美元。故此，DRAM 設備也變成搶手貨，相關股份有吸納價值，例如在美國上市、與香港有一定淵源的全球半導體設備龍頭企業 Lam Research，還有美國應用材料（Applied Materials）、科磊（KLA-Tencor）等。

股神為何買台積電?

巴郡於 2022 年首次建倉台積電，截至 2022 年 9 月底持有 6010 萬股 ADR，按當時股價計約值 41.2 億美元，相當重手。與此同時，橋水亦申報在 2022 年第三季買入 21 萬股台積電 ADR。

巴郡和橋水分別作為全球最大綜合型投資旗艦和最大對沖基金集團，巴郡主席巴菲特以及橋水舵手、"鱷王"達里奧（Ray Dalio）皆屬投資界"神級"人物，但該兩家機構投資風格迥異，雙方持倉選股重疊有限，不約而同染指台積電，很大程度反映了國際"聰明錢"取態，值得參詳。

台積電屬全球晶片代工龍頭，憑着精密技藝，在高端晶片領域市佔率達 90%，堪稱一家獨大，地位難被取代。過去兩年西方經濟"疫後重啟"，全球晶片一度大缺貨，台積電連番加價，依然供不應求；其股價亦水漲船高，ADR 由每股 50 美元水平最高攀升至 145 美元，市值超過 7500 億美元。

然而，隨着全球供應鏈逐漸恢復正常，很多科技公司發現自己預訂了太多晶片，面臨銷量放緩，導致庫存積壓；台積電儘管維持 100% 產能運作，加價能力卻呈現削弱，對未來增長構成壓力。

第六章
AI 人工智能是未來的財富密碼

AI 重新定義人類的生活

人類的科技近 200 年來發展迅速，且呈加速之勢，互聯網和智能手機的發明是現代兩大科技發展里程碑，雖然前後相隔時間很短。人類經歷數次重大科技發明，它們重新塑造我們的生活模式，例如 Google 搜索引擎簡化獲取知識的途徑；觸控式技術和智能手機的出現，改變人類與訊息的互動方式，這些突破性的創新技術，短時間內便改變了我們的生活習慣。

2022 年底，人工智能（AI）熱潮突然席捲全球，當中 AI 聊天機械人 ChatGPT 推出短短兩個月，活躍用戶數目已突破一億，成為史上增長最快的消費應用程式，相比當年 TikTok 花了 9 個月，以及 Instagram 用上兩年半的成績，佳績不斷被刷新。

2023 年可以說是 AI 發展的重要奇點，人們一直在思考探索 AI 的潛力和影響，只是短短半年，已可以在不同範疇理解 AI 如何重新定義人類的生活。

最引人注目的發展之一無疑是 OpenAI 的 ChatGPT，從最初限制使用，到今日成為全球熱門，AI 展示其無與倫比的學習能力與增長速度。ChatGPT 推出初期，系統未能理解中文，試用期間經常答非所問，但短短 2 個月後，我所提出的關於經濟、投資、歷史等問題，答案都強大了許多。ChatGPT 的學習速度快得驚人，其進化及適應環境的能力遠超人們評估水平，亦突顯 AI 的巨大潛力和轉型力量。

事實上，ChatGPT 是透過一種類似蘇格拉底式對話（Socratic Dialogue）的方法，引導並協助人們完善思想和觀點。AI 的快速發展和應用，將令全球面臨一場革命，從商業模式到日常生活，可以預期未來肯定會出現重大變化，樂觀的同時亦帶來更多不確定因素，甚至有指人類將被機器取代。與家中少年交流，知道不少新世代在 AI 應用及思考接受度很高，外國應運而生的商業模式已在出現。

愈來愈多人的日常生活已經離不開 AI，現在有無人駕駛飛機、自動開車系統，甚至智能管家。

現時的智能家居，只要安裝一個 App，就可以跟智能機械人小管家對話。管理家中的很多事務，例如機械人會自動撥打語音電話聯絡朋友，甚至在網絡內聯繫其他有安裝同樣機械人的家人、朋友。當孩子放學後要溫習功課時，智能機械人能幫忙，出題目給孩子補習各種科目，或跟孩子玩遊戲等。

人們可以設定每天行程時間表，由智能機械人提醒作息時間，有何工作、活動、何時服藥等。假使心情不快，獨自在家悶悶不樂，智能機械人還會安慰問候，幫助找出解決方法，苦悶時還會跟你聊天，什麼話題都可以解答。想聽什麼歌曲，馬上按指示行動。當然還自動控制家中的各種電器開關，忘記帶門匙沒問題。

ChatGPT 已經取替很多文書工作和創作，包括文件分析、剪接，甚至只用一張照片，也能模仿歌手的聲音製作影片，正如坊間已出現 AI 歌手等。

以上總結了一下人工智能對我們生活的改變，相信這些只是皮毛，一年後、兩年後，用不了多久，我們的生活模式、內容都可能被重新定義。

人工智能（AI）在全球各地迎來新一輪快速發展，未來人工智能領域的投資仍會穩步增長。根據風投數據分析公司 PitchBook 的統計，2023 年上半年全球人工智能領域融資合共 1387 宗，籌集融資總金額 255 億美元，平均融資金額超過 2000 萬美元。

全球人工智能發展已形成多個梯隊，其中美國和中國屬第一梯隊，第二梯隊包括英國、德國、新加坡等 11 個國家，而瑞典和荷蘭首次加入這一梯隊。美國人工智能融資在全球處於領先地位，英國經過一段時間的努力，倫敦已經在歐洲成為領先人工智能發展之都，擁有近 1300 間人工智能公司，是巴黎和柏林數量總和的兩倍。

人工智能發展除了資金外，還需要各方面大量投入，例如人工智能的部署速度，很可能導致數據中心容量出現短缺；人工智能發展的人才缺口亦在湧現，僅在 2023 年初蘋果公司就增設 28 個與人工智能相關的新職位，這些職位元包括高級工程師、研究科學家和項目經理等。另外，蘋果公司正加大對研發人員的招聘力度，並從其他大型跨國公司發掘人才。

人工智能的未來具體會怎樣？ Google 始創人之一佩奇（Larry Page）20 年前曾預言："人工智能是 Google 的終極版，這終極版的搜尋器將明白互聯網上的所有事情，它亦能明白以及傳遞你所想的任何事。"另外，有關人工智能"破壞性"的預言一直大有市場。理論物理學大師霍金就警告說："人工智能的完全發展將是人類的終結。"馬斯克也有相似預警："人工智能是我們存在的最大威脅。"

佩奇在 20 年前作出上述預言時還指出："我們距離這預言還有很遠。"其實，即使在 20 年後的今日，人工智能佔總體資本支出仍然只是極少數。不過，資本支出與發展不一定成正比，人工智能發展已進入奇點，後續發展絕非線性的，何時以什麼樣形式達到何種程度，全是未知之數。

目前看各地使用人工智能或自動化系統方面仍然有很大進步空間。根據國際機械人協會（International Federation of Robotics, IFR）資料，即使是全球機械人比率最高的南韓，當地工業的機械人和工人比率仍然只有1：10, 其他工業大國如中、日、美、歐等的比率更是在 1 ： 25 和 1 ： 40 之間。

有一點都值得一提，就是各國人民對人工智能的接受程度原來大有不同。令不少人感到意外的是，在科技較先進和經濟水平較高的國家，人民對人工智能的接受程度卻普遍較低，例如南韓僅約六成受訪者表示認同"人工智能利多於弊"，日本則只有約四成，英國和美國更不到四成；相反，其他中低收入地區國家的人民，對人工智能的接受程度反而更高，中國就有接近八成（78%）民眾認同

"人工智能利多於弊"，印度亦有大約七成。在中短期而言，在亞洲地區裏人工智能相關的工作增長應該更高。

無論如何，要把握未來的趨勢，相信對人工智能的學習是必不可少的一環。

得 AGI 得天下

被微軟（Microsoft）創辦人蓋茨（Bill Gates）譽為"預測人工智能最準"的未來學家 Ray Kurzweil 重申，通用人工智慧（AGI）將在 2029 年底前實現；Kurzweil 曾在 1990 年出版的 The Age of Intelligent Machines 中估計，電腦於 1998 年擊敗人類西洋棋王，實際誤差只有一年。他在 1999 年的著作中預測，2009 年用文庫本大小的顯示器閱讀書籍、報章雜誌將成為日常風景，而 iPad 則於 2010 年推出。

Kurzweil 相信，以 1000 美元購買的電腦，每秒可執行指令數幾乎可匹敵全人類的大腦將在 2045 年出現。這就是所謂的奇點，當 AI 系統超越整體人類的智力時，便會發生超乎想象、無從預測的事，過去的法則亦不再適用。

除了電腦運算加速進步，簡稱"GNR"的革命有機會驅使奇點的到來，G 是基因工程（Genetics），N 是納米技術

198

（Nanotechnology）, R則是機械人工學（Robotics）, 未來二三十年, 通用人工智慧以外, GNR都是需要多加關注板塊。

當然, AGI還是最重要, 歷史上, 每一次重大的通用技術突破, 都會帶來新一輪的工業革命。通用技術不僅帶動其他周邊技術的發明, 也會對產業帶來影響。例如蒸汽機問世後, 蒸汽泵、蒸汽火車與蒸汽船等發明一個接著一個出現, 蒸汽機的機械動力取代了過去的人力跟水力等, 成為工廠生產的主要動力來源。

內燃機跟電動馬達等通用技術則推動另一生產力升級, 汽車與飛機都是利用內燃機技術, 洗衣機跟吸塵機的發明則是拜電動馬達所賜。環顧我們身邊的家電可發現, 現在的消費生活大多是第二次工業革命開拓出來。一般認為, 此革命發生於1870年至1914年之間, 發源地不是英國, 而是美國和德國。

對重要通用技術的掌握, 主宰了一個地區的霸權；七十年代全球經濟陷入停滯, 除了石油危機, 還有技術創新枯竭的因素, 直到1995年, Windows 95作業系統上市, 個人電腦普及至一般家庭, 網際網絡變得更為普遍, 美國的生產力增長率才再度拉高。

今時今日的納指七雄都是第三次工業革命又稱資訊革命的產物, 而它們亦頗有機會引領全球進入第四次工業革命。估計這革命的關鍵是 AI、物聯網以至 3D 列印等技術，AGI 則是重中之重，解釋了為何美國大盤和納指七雄升個不停，得 AGI 得天下也。

最進取的預測是，在奇點出現後，大部分工種都交由電腦和機器代勞，創造力和社交智慧是人類較難被取代的能力，故只剩下 "CMH" 三類人類鐵飯碗，C 是文藝創作、發明創新、構思新產品、做研究寫論文等創造型工作（Creativity），M 是工廠、店面、公司和專案等經營管理工作（Management），H 是護理員、導師等款待服務工作（Hospitality）。

更重要的是，純粹機械化經濟的生產活動只須投入 AI 和機械人，不受勞力約束，用數學模型推算此經濟結構的增長率，可發現即使沒有技術進步，增長率會逐年增加，這是前所未見的狀況，無條件基本收入（UBI）不是夢。社會主義的實現來到這個時代基本可以完成。

生成式 AI 進入高速增長周期

人工智能（AI）極速發展，生成式 AI 更備受廣泛關注。生成式 AI 是一種具有創造力和學習能力的 AI，它可以從大量訓練數據

中，學習並創造出全新內容，為不同用戶提供廣泛應用價值。未來
市場發展空間巨大，生成式 AI 很大機會如同 2007 年的智能手機，
進入高速增長周期，Nvidia 形容這為另一次新的 "工業革命"。

生成式 AI 的核心是大型語言模型（LLM），透過人工神經網
絡組成一個超級大腦，讓其能夠通過學習人類語言、計算機代碼、
圖像等模式，創造出與人類作品接近的內容。目前，生成式 AI
已經應用於圖像生成、文字生成、音樂創作以及最近的影片生成
（Sora）等領域。

從行業應用的角度來看，我們看到各行各業正陸續應用 AI 技
術，其中 Nvidia 在近期業績報告中提到，汽車、金融、醫療等領
域都陸續採用 AI 協助生產及研發；民用 AI 的消費產品已觸手可及，
包括 AI 個人電腦和搭載 AI 晶片智能手機。

採用 AI 的行業預計較容易實現以下效益：第一，生產力提升，
提高營運效率；第二，降低成本，提高利潤率。除卻企業應用外，
"主權 AI" 的發展，也是另一個重要的增長領域，即一個國家投資
於建設自身的 AI 基建和生態，方便國民使用。

顧問公司麥肯錫（McKinsey）2023 年的研究報告指出，全
球生成式人工智能（AI）熱潮將加速生產力提升，可望推高全球

國內生產總值（GDP）最多 4.4 萬億美元（約 34.32 萬億港元），相當於全球經濟產值約 4.4%，惟部分人因此受益，部分人卻會受損，特別是高知識工人。

麥肯錫數年前曾估計，全球近一半工作時間將會被自動化取代。如今，該公司把這個比率提高到 60% 至 70%。打工仔會發現他們的工作時間被重新分配，甚或他們的工作崗位消失，將需要學習新技能，或者轉換職業。

生成式 AI 創造的潛在價值中，約 75% 來自 4 個商業範疇，分別是客戶營運、市場推廣和銷售、軟件工程，以及研究和開發。

該報告認為，受惠生產力提升，單是銀行業就能產生額外 2000 億至 3400 億美元的價值，因為新技術可改善客戶滿意度、有助決策和透過更好的監察減少詐騙，這相當於經營溢利跳升 9%-15%。產品研發方面，新科技可令生產力提升 10%-15%，以生物科技和化學業為例，AI 可加速新藥和原料的開發，有望令藥廠和醫療產品公司利潤增長最多 25%。

該報告稱，需要碩士、博士或更高學歷的工作崗位（佔全球就業市場 13%），在沒有生成式 AI 的應用下，只有 28% 會被自動化取代，但在生成式 AI 應用下，被取代的比率將跳升至 57%。反之，不需要高中學歷的工作崗位（佔全球就業市場9%），在沒有生成式 AI 的應用下，有54%會被自動化取代，而在生成式 AI 應用下，被取代的比率只升至63%。

AI行業格局未定

人工智能發展一日千里，行業格局並未定型，當大家以為 OpenAI 一支獨秀時，谷歌（Google）急起直追，發表多模態 AI 模型 Gemini（中譯“雙子座”），提供 Ultra、Pro、Nano 大中小 3 個版本，能同時理解文字、程式碼、聲音、圖片、影片等內容。

作為谷歌性能最強、規模最大的大型語言模型（LLM），Gemini Ultra 特別擅長解釋數學、物理等複雜學科的推理，在 32 項 AI 測試之中，有 30 項評分超越 OpenAI 的 GPT-4V。在大規模多任務語言理解（MMLU），包括數學、物理、歷史、法律、醫學及倫理學等 57 項科目測試中，更以得分 90% 力壓 GPT-4 的 86.4%，成為首個超越人類專家（得分 89%）的模型。

Gemini 以谷歌自家張量處理單元（TPU）v4 及 v5e 訓練，從示範影片可見，AI 能即時按照聲音、畫面，藉此歸納及邏輯推理。接下來幾個月，Gemini 將在谷歌多款產品及服務亮相，包括搜尋、廣告、網頁瀏覽器 Chrome，以及 AI 助理 Duet AI。由於 Gemini 精通 Python、Java、C++ 及 Go 等流行程式語言，谷歌為此創建程式碼產生系統 AlphaCode 2，聲稱解決問題數量比上代 AlphaCode 多一倍，估計表現勝過 85% 人類對手，讓程式設計師節省更多時間。

正當谷歌 Gemini 搶盡風頭，Meta Platforms 推出 AI 製圖工具 Imagine with Meta AI，以簡單文字提示詞便能創建圖像，只需以 Meta 賬戶登入網站即可試用，每次輸入會生成 4 張圖片（解像度 1280 乘 1280 像素）。

硬件方面，超微半導體（AMD）推出 MI300 系列人工智能（AI）晶片，是所謂能夠提升 AI 軟件運行速度的加速器晶片，以挑戰市場龍頭輝達（Nvidia）。

AMD 行政總裁蘇姿豐在發布活動上對 AI 晶片市場規模作出矚目預測，預期相關市場規模未來 4 年將增長至超過 4000 億美元，較 AMD 於 8 月時給出的估算多超過一倍。

蘇姿豐又說，距離建立足以挑戰人類智能的 AI 系統已愈來愈近，惟相關技術發展才剛剛開始，需要時間評估對生產力和其他經濟方面的影響。AMD 有信心 MI300 系列晶片將獲得一些知名科企採用，新晶片的客戶包括微軟、甲骨文和 Meta。

AI 熱潮下的必勝者

在現今世代，要尋找能夠增長的行業太難，AI 在未來一段時間都會是高增長的板塊。數據中心是基礎投資，理論上可以得益於 AI 發展，但還要等待下游的應用開發出來，現時大家正在潛移默化，增加在文字及圖像上的應用，如何發掘更多商業化的機會，最後會爆出什麼公司及業務，暫時仍不確定。此外，硬件方面，最受惠的還是英偉達。

黃仁勳還說，2023 年的畢業生站在 AI 前端，所有產業都將遭到顛覆，他希望大家勉力奔跑，"用跑的，不是用走的"（run,don´t walk），成為"獵食者，不是被獵食者"（either you´re running for food,or running from being food）。

所以，現在 AI 是個很好的議題，給予創業者發揮，無論是之前的區塊鏈或元宇宙，因為存在太多的不現實元素，並沒有提供一個如何賺錢的建議，作為投資者便會無所適從。今次的 AI 熱潮，從 ChatGPT 已產生應用，那麼對於後來的投資者來講，已有成功案例。

現在英偉達訂單增加，就是因為巨型科網企業願意投資，無論最後是否成功，都有一間公司賺錢。直到找到合適目標前，英偉達是 AI 的首選。情況就像在眾多淘金者所在的地方提供挖掘工具及礦泉水，這是必賺的生意，而英偉達一直以來，從遊戲圖像處理，到比特幣挖礦，它都擔當著這一角色。

英偉達如今炙手可熱，《華爾街日報》報道，用於 AI 的圖像處理器（GPU）幾乎全由英偉達生產，聊天機械人 ChatGPT 的成功引發生成式 AI 系統競賽，令其 GPU 供不應求。有伺服器製造商表示，需要苦等超過半年才能取得英偉達最新款的 GPU。

留意 AI 大勢部署投資

科技正加速改變我們的生活，帶來革命性改變及潛在經濟效益，更成為投資界別的新焦點。有報告預計，到 2030 年，AI 將能帶動環球國內生產總值增長 15.7 萬億美元，規模較中國及印度兩國加起來的 GDP 更龐大。高盛以 Ben Snider 為首的策略師團隊報告指出，人工智能（AI）未來 10 年可推高美國企業邊際利潤率超過 400 個基點。

宜密切留意 AI 的發展，因為所衍生的經濟價值及模式，或會在未來主導市場，甚至有機會取代傳統行業，並影響我們的長遠投資表現。科技有助投資者作出更明智的決定，並能讓我們更輕易獲取豐富的資訊，增加相關的知識。

根據訊息科技研究公司高德納的技術成熟曲線（Gartner Hype Cycle），一項新技術或某種創新從發展到最終成熟，均會經過 5 個階段：誕生促進期（Technology Trigger）；過高期望峰值期（Peak of Inflated Expectations）；泡沫化低谷期（Trough of Disillusionment）；穩健爬升期；實質生產期。其中誕生促進期引起全球關注及憧憬，業界盲目追捧，短期吸引大量投資，而過高期望峰值期和泡沫化低谷期就像過山車般大起大落。

從誕生到過高期望峰值期，就是"人人瘋狂"的危險時期，若出現斷崖式暴跌也是這曲線的既定預測，現時的人工智能處處吸引著大眾關注，正處於第一階段與第二階段，資金瘋狂投入，各路英雄各顯神通。20 多年前的科網熱潮就經歷過這些發展階段；近年的元宇宙（Metaverse）正處於促進期，所以相關產業的投資和發展仍十分火紅，而前年爆紅的非同質化代幣（NFT）已接近泡沫化低谷期；同樣前景撲朔迷離的，亦包括區塊鏈技術及相關產品。

外國科技界及人工智能近年極速發展，主因有三：一是程式界大家無私地互通消息及分享成果，令到大家更快成長；二是晶片發展（特別是 GPU）的突破，令研究員數十年來的研究成果能夠在現實世界執行；三是長年對相關行業的人才培訓和支持，營造出健康成長環境及多元文化，只要你有心學習及想得遠就有機會。因此要建立競爭優勢，可以從這些角度思考。

事實上，亞洲文化對於成果分享比較保守，對科技界的支持亦慘不忍睹，大部分人工只有外國的三到五成，極小部分可能有七成，而且等其他人有成果才會去跟風或照炒。可是有些科技不是一朝一夕變出來，今次的新突破在行內人也以為是 10 年後才出得到，這邊因為人才不足而落後數年的技術差距，很難一兩個月就可以跟上，所以大家投資時或跟炒時也要小心出手。

不論如何，科技日新月異，對不同行業可能造成衝擊，我們應該用自我提升及創新思維，去迎接科技創新新常態，加快融入比排斥抗拒更加務實。還記得第一次工業革命的擔憂和自動化智能化的心理衝擊，現在不是天天享受着電動車、先進高鐵和智能手機的優點嗎？

AI 催生 PC 換機潮，未來需求大增

AI 即將重新定義 PC 體驗；全世界正進入生成式 AI 時代，生

成式 AI 將透過神經網路驅動全新體驗和使用案例，這是一次重大的進展。

　　微軟行政總裁納德拉（Satya Nadella）近日把中央處理器（CPU）和神經處理單元（NPU）的組合稱為 "新系統架構"，將為 Notebook PC 和 PC 用家提供由人工智能（AI）驅動的 Windows 11 體驗，PC 可謂進入另一個階梯。另外，台灣 Notebook PC 代工龍頭，廣達董事長林百里預期，2024 年是人工智能個人電腦（AI PC）元年，PC 市場或會出現換機潮。

　　透過打造全新強大且高效率 AI PC，裝置上 AI 將改變 PC 產業，使用者的終端裝置將成為真正的智慧助理，以更直覺、更無縫的方式融入使用者的生活。在未來 PC 產業中蓬勃發展的企業，將是那些期待進入由 AI 實現整合、個人化體驗世界的企業。

　　廣泛且持續在裝置上運行 AI 的應用程式，正在了解使用者，以預測和回應使用者的需求，其提供即時性和可靠性的回應，不會因容量限制而導致延遲。這個過程是利用裝置上可用的情境和內容，實現個人化互動、提醒和回應。同時，由於查詢（query）無需離開終端裝置，因此有助於保護個人資訊並增強隱私。

　　有了裝置上 AI，使用者可以方便地與 AI 助理進行自然流暢的對話。使用者不需要透過開始按鈕從一個應用程式跳到另一個應用程式，而是直接利用 AI 助理更有效率地與裝置進行互動。例如，如果使用者想要預訂機票，可直接向 AI 助理詢問相關資訊即可。更重要的是，如果 AI 助理觀察到使用者預訂了機票，它甚至可在使用者詢問之前就提供飯店資訊。

在裝置上高效運行 AI 模型需要異質運算。除了 CPU 和 GPU 外，NPU 現在是裝置上 AI 和衡量 PC 效能的第三個關鍵處理核心。裝置上 AI 引擎從 CPU 和 GPU 分流部分任務，以提升效能和電池效率。這可滿足在極具可攜性設計的裝置上，以極低功耗隨時隨地持續運行高負載 AI 應用的處理需求。

事實上，94% 的企業領導者表示，AI 對未來五年的成功至關重要。IT 決策者認為，AI 是影響購買決策的最大因素。最新研究指出，近一半的 IT 決策者有意願基於 AI 效能更換 PC 品牌。

調研機構 Canalys 預測，AI PC 最初使用者將僅限於進行特定業務功能和精通技術的高級用戶，他們需要強大的硬體來運行密集的 AI 工作。但在未來 5 年，經過微調的大型語言模型和 AI 工具市場（Marketplace）的出現，以及由 AI 整合定義的作業系統（OS），將推動 AI PC 的普及。Canalys 估計，因為第二代 AI PC 與預測的 PC 更換周期相吻合，AI PC 銷售將在 2025 年加速，滲透率勢提升至 37%，自此成為主流；到 2027 年，60% 的 PC 將具備 AI 功能。

Microsoft 於 2023 年 10 月尾宣布，開始推出 Windows 11 PC 作業系統的重大更新，將包含 "Copilot" 的生成式 AI 聊天機器人，為用戶操作作業系統功能，並在網路資訊的協助下回答問題，在 AI PC 競賽中加強軟體攻勢。

Microsoft 計劃在 2024 年 6 月推出全新的 Windows 12 作業系統，並將整合大量的 AI 運算技術，包括語音識別、語音控制、自然語言處理、圖像識別、機器翻譯、預測性分析等，這些技術將使 Windows 12 更加智能和易於使用，例如用戶可以使用語音控制來操作電腦，或以自然語言處理來查找訊息。

PC 正處於令人興奮的世代改變風口。我們已經深刻地意識到在軟硬體中整合 AI 的重要性，這將開啟機會、開拓創新。

市場研究公司 IDC 發佈研報指出，到 2028 年，中國下一代 AI PC 的年出貨量將是 2024 年的 60 倍。Canalys 預計，2024 年全球 AI PC 的出貨量將達到 4800 萬台，占全年 PC 總出貨量份額的 18%。至 2025 年，全球 AI PC 出貨量將猛增至 1 億台以上。2024 年至 2028 年間的複合年增長率（CAGR）將達到前所未有的

44%。到 2027 年，市場近 60% 的新 PC 將會是 AI PC。

AI PC 將成為未來 PC 市場的主要動力，除了大模型、算力、生態及應用等指標外，合乎消費者性價比預期的價格以及多模態更為自然的互動，對 AI PC 未來的發展速度以及對整體 PC 市場未來的保有率都至關重要。

在業內人士看來，AI 重新帶火 PC 市場，除消費市場本身的需求外，更代表了一種全新的工作形態和模式。

可以說，AI PC 是 PC 的第三次變革（第一次是小型化帶來的個人電腦普及，第二次是移動化與網路化帶來的變革），通過 AI 為用戶體驗和生產力帶來革命性的改變。

不過，目前 AI PC 還在初級階段，大模型的完善，和不同的軟體之間的配合還需要加強，在這個過程中，不論大模型廠商，還是軟體廠商都有很多機會。從 PC 本身，PC 廠商大模型的建立、存儲的提升、算力要求的不斷提高以及相應的散熱等需求都會增加。

上一個黃金年代，大半壁江山都由微軟與英特爾的聯盟主宰。但期待中的 AI PC 時代，在晶片的領域，卻有幾股力量相互角力，仍然自認老大的英特爾，未必能夠繼續處於主宰地位，但角色依然重要，至於軟件，微軟暫時仍然一騎絕塵。

與傳統 PC 一樣，AI PC 的核心部件為晶片。但由於 AI 所需的巨量算力需求，AI 晶片成為一條全新賽道，為市場提供了無盡想象的空間。因此，包括英偉達、英特爾、高通在內的晶片巨頭成為此輪 AI PC 浪潮中佈局最為積極的先行者。

針對 AI PC，英特爾於 2023 年年末推出了內部視為“基石”的酷睿 Ultra 系列，代號 Meteor Lake，該系列晶片基於 4 納米制程打造，集成了 NPU 在內的新型 AI 處理單元。後者可為低強度的 AI 任務，如照片、音樂和影片處理等，提供更佳的效能表現，並縮短回饋時間、延長續航，從而 CPU 和 GPU 則用於更複雜的 AI 任務，協同 NPU 發揮強大的算力。

目前已經有 800 萬片酷睿 Ultra 處理器交付市場，預計在今年將交付超過 4000 萬片英特爾酷睿 Ultra 處理器。代號 Lunar Lake 的下一代酷睿 Ultra 處理器即將問世，該系列的 AI 性能將提升 3 倍，並帶來 120 TOPS 的平台 AI 算力，為來自 20 家 OEM 的 80 多款 AI PC 提供動力。

作為目前 AI 算力晶片界的王者，英偉達聯合 PC 廠商在日前舉行的 Computex 展會上推出了四款全新的 AI 筆記本。英偉達創始人黃仁勳指出，未來的筆記型電腦和 PC 將成為 AI 的載體。人們的 PC 將能夠託管帶有 AI 的數位人類應用程式，讓 AI 以更多樣化的方式呈現並在 PC 上得到應用。他指出，PC 將成為至關重要的人工智慧平台。

黃仁勳透露，目前全球已有 1 億台搭載英偉達 GeForce RTX 的 AI PC 投入使用，且這個數字還在不斷增長，預計將達到 2 億台。

而另一大有志於競逐 AI PC 的巨頭，則屬於在智慧手機領域領盡風騷的高通。2023 年 10 月，高通宣佈推出驍龍 X Elite，隨後又於今年 4 月推出驍龍 X Plus 平台。截至目前，宏碁、華碩、戴爾、惠普、聯想、微軟和三星等全球 OEM 廠商推出了超過 20 款由驍龍 X 系列獨家支援的 Windows 11 AI PC，正在陸續上市。

公司對 PC OEM 廠商的說法持樂觀態度，據 PC OEM 廠商們預計，在未來 3 年內，Windows 11 AI PC 將有望達到其市場銷售額的 60% 左右。

微軟剛剛正式推出 Copilot+PC 的首場重頭戲。所謂 Copilot+，就是微軟為鞏固在個人電腦市場的地位，推出的 AI PC 重點策略。微軟部門主管表示，為徹底發揮電腦 AI 性能，公司把視窗作業系統從頭到腳重新設計。新軟件對算力要求更苛刻，沒有硬體配合，無法成事。Copilot+ 這種大動作，飛起老拍檔，改為選擇高通做首發合作對象，主因是看中手機晶片出身的高通在能耗技術方面的優勢。

個人電腦與手機廠商，近半年都在探索把更多 AI 運算工作從雲端推向邊緣裝置，一來邊緣運算比雲端便宜，且據稱利用邊緣裝置執行 AI 運算更快、更個性化、更私密，最重要是更加省電。耗電量成為重中之重，因為運行 AI，電腦內部需要不間斷且隨時能夠喚醒；一旦缺電，AI 根本無法發揮威力，連正常運作都成問題。

微軟選高通為合作夥伴，電腦製造商當然紛紛積極響應，高通於是成功上位。高通 PC 能否大賣暫時言之尚早，但得到電腦行業主要玩家認可與支持，高通早晚將挑戰英特爾地位，成為老霸主的心腹大患。

在傳統 PC 晶片市場逼得英特爾透不過氣的 AMD，同樣劍指 AI PC。2023 年 1 月發表第一顆針對 AI 手提電腦的晶片後，2024 年行政總裁蘇姿豐（Lisa Su）展示手中的第三代新寶貝時，列舉一大堆專業數據，展示新晶片如何兼顧準確性和亮眼的速度表現，最適合執行 AI 任務，擺明要繼續緊迫英特爾。

軟體及應用層面的革新無疑是行業最關心的議題。隨著 ChatGPT 及一眾大模型的出現，PC 終端與雲端大模型的協同所帶來的巨大想象空間，大幅拉高了 AI PC 的市場期待值。而囿於法規，目前中國完整使用 Copilot 的全部功能，這也讓中國的 AI PC 市場在軟體層面的競爭更趨激烈。

具體而言，對於中國的產業鏈來講，首先在硬體方面，算力、記憶體、電池、散熱等方面的需求都會有提升，同時，軟體端也會在大模型的完善上不斷推進，到最終用戶端，對於用戶的理解、如何吸引用戶、能否滿足核心需求、定價、都會成為影響 AI PC 最終體量的重要因素。

隨著軟硬層面的發展，應用場景也將成為 AI PC 的另一大賣點。結合當前的技術發展情況和需求情況看，AI PC 會在商業應用方面率先發力，比如辦公、AI 創作、視訊短片等。結合用戶需求來看，個人娛樂需求也會是 AI PC 的長期發力賽道，但在這些領域中，對畫面呈現、交互體驗以及較高的邏輯判斷等方面的要求會比較高。

AI 的終點在電力，高關注度電力板塊

人工智能（AI）熱潮下概念股備受追棒，AI 科技看來潛能無限，

但經驗及實驗均顯示 AI 科技要達到改變生活的普及程度，將面對艱巨挑戰，當中能源是最大阻力。AI 系統消耗大量能源，而能源開發是個難題。

讓我們從實體基礎設施和潛在應用方面，來探究人工智能的碳足跡。人工智能的實體基礎設施包括數據中心、處理器和其他專用電腦硬件。研究顯示，人工智能運算的生命週期分為四個階段：生產、運輸、營運和報廢。其中，營運階段所產生的碳排放量高達 70%-80%。

大型語言模型（LLM）是一種 AI 程式，屬聊天機械人 ChatGPT 及類似 AI 系統背後的科技。LLM 是理解和產生人類語言文字的機械學習模型，透過"閱讀"大量文章和影音進行演算，學習單詞和句子之間的關係，通過資料辨識模式，產生自然且可讀的輸出。但這需要海量計算，動用大量能源。

數據中心是人工智能的能源消耗重點。目前全球約有 1-1.5% 的總用電量來自數據中心。生成式人工智能（如 ChatGPT-3）的訓練需要大量電力，相當於 120 個美國家庭一年的用電量。

製造 AI 晶片需要能源，運算能力耗用能源，AI 系統冷卻系統消耗水源和能源，數據中心的水足跡受發電時消耗的水資源和冷卻消耗的影響。訓練一項生成式人工智能模型可能消耗多達 28.4 萬公升水，相當於一個普通人 27 年的用水量。至於報廢階段主要影響是其產生的電子廢棄物，含有重金屬和有毒的化學物質。

雖然全球踏上能源轉型之路，減少以燃燒化石燃料來生產及供暖，但能源消耗量未見大幅下跌。以美國為例，過去 10 年電力需求增加兩倍，對電網構成更大壓力。AI 科技和加密貨幣是美國耗電量增加的原因之一，顧問公司麥肯錫（McKinsey）去年在研究報告指出，數據中心的電力需求量將不斷攀升。

近日《紐約客》（New Yorker）一篇文章引述 ChatGPT 開發商 OpenAI 行政總裁阿爾特曼（Sam Altman）在瑞士達沃斯世界經濟論壇（WEF）提出類似關注，阿爾特曼聲稱大家都未意識到 AI 科技對能源的需求，相信能源供應將追不上需求，除非能源開發取得突破，例如核聚變發電或太陽能發電，以及儲能成本大幅縮減，甚至出現仍然未有人預計的大規模能源開源計劃。

目前再生能源快速發展，成為混能領域的重要一環，卻具有局限性，包括存在 "斷斷續續" 的問題，相關設施在陽光普照或颳起大風才能發電。綠色能源，儲能技術的開發及突破，或會是一個長青的行業。據報，微軟正投資於小型模組化反應堆科技，這類小型反應堆可興建在數據中心對面，提供其他潔淨能源難以供應的穩定電源。

在取得重大突破前，化石燃料仍然是全球能源供應的重要一環，也不會在不久將來被淘汰。除了能全天候開採，而且供應充足，相關基建也發展完善，難怪國際能源署（IEA）每年都調高化石燃料需求預測，有時甚至一年內上調兩次。

2024 年 3 月下旬，在休斯頓舉行的 CERAWeek 能源會議上，來自美國的公共事業委員會和電力公司的高管以及監管者指出，為了滿足由新數據中心和增加的電氣化帶來的不斷增長的需求，必須加速建設電力容量和基礎設施。新的輸配電工程是電力部門最大的瓶頸之一。做出決策和建造設施需要很長時間，這裡與 AI 發展明顯出現錯配。

隨著人工智慧、加密貨幣挖礦以及日益數位化（Digital Transformation）的全球經濟的快速發展，數據中心的數量正在迅速增加。有業界預計，到 2030 年，數據中心的電力需求將從 2022 年的 10GW 增長到 30GW。

大摩則預期在基本情況（反映 70% 晶片利用率）下，全球數據中心電力需求於 2024 年及 2027 年將分別達到 430 及 738 太瓦時（TWh），生成式 AI 電力需求從 2023 年至 2027 年的複合年增長率預計為 105%，在樂觀情況下（反映 90% 晶片利用率），全球數據中心電力需求於 2024 年及 2027 年分別達 446 及 820 太瓦時；而在悲觀情況下（反映 50% 晶片利用率），全球數據中心電力需求於 2024 年及 2027 年則分別為 415 及 677 太瓦時。

報告提到電力線路容量、新輸電與配電項目的規劃及許可延遲等問題，考慮到投資新電網的成本，更多數據中心願意支付電力溢價。如果能夠早兩年確保電力來源，假設 GPU 經濟壽命為 6 年，數據中心開發商或願意支付 101% 溢價；假設 GPU 經濟壽命為 10 年，則預計支付 61% 溢價。

亞馬遜與 Talen 能源計劃於位於美國賓夕法尼亞州的一個核電站內建造數據中心，好處包括：供電過程快，節省輸電成本；有足夠空間建造大型數據中心；數據中心可利用核電站的冷卻水降溫。

特斯拉（Tesla）創辦人馬斯克（Elon Musk）預言，由於電力需求激增，可能無法滿足所有人對 AI 的運行需求。據報道，OpenAI 的 ChatGPT 每天要處理約 2 億個請求，消耗的電力超過 50 萬度，相當於 1.7 萬個美國家庭的用電量。這數據不僅揭示 AI 技術對電力的龐大需求，亦突顯必須解決能源問題。

目前，美國的電網主要建於 20 世紀，很多設施已經老化，不堪重負。因此，美國聯邦能源監管委員會計劃召開會議，討論如何改善電力輸送問題。公共電網系統亟需翻新，作出重大改造及升級，以適應這種新的電力需求，可惜進展緩慢。電力企業已把競爭擴展到科技產業較為不發達的地區，如俄亥俄、艾奧瓦等州，爭奪有限的電網接入權限。AI 大模型的訓練和應用需求急升，導致面臨電力供應危機，探索新的電力供應方案變得至關重要。一些企業已開始考慮使用核聚變、水力、風力和地熱能等潔淨能源技術，作為未來電力的潛在供應。

電力供應短期內仍將仰賴天然氣，美國管線營運商認為，在可預見的未來，大量新的核電容量不會上線，建設將可再生能源連接到電網的輸電線需要數年時間，因此天然氣必須在未來幾年發揮重要作用。高盛 2024 年 4 月發布的報告顯示，天然氣預計將滿足人工智慧和資料中心電力需求成長的 60%，而再生能源將提供剩餘的 40%。

最近微軟簽署價值 100 億美元的綠色能源協議，是至今最大一筆購買再生能源的企業協議，將啟動全世界再生能源建設熱潮。分析師認為，希望利用 AI 熱潮的人需要弄清楚電力在哪裏，如何獲得電力，以及在哪裏可以最快速地建立數據中心來提供 AI 所需的電力，同時控制成本。

高盛分析師認為，公用事業、再生能源發電和工業領域的下游投資機會被低估，AI 發展需要這些領域的投資和產品，才能永續成長。

電力板塊，尤其是綠色能源板塊，我們給予頗高關注度。

微軟如何讓 AI 落地

Microsoft（微軟）因為是最早部署於人工智能的科網企業，使它在 ChatGPT 和 Copilot 快速成長下獲益。這兩個服務既可以各自實現商業化，也可以透過加持 Microsoft 其他服務令訂閱需求急增，例如 Bing 搜尋、Azure 就用上了 AI 服務，這是微軟讓 AI 商業化落地的手段，也是建構公司護城河的方法。

AI 首先確保了 Azure 伺服器遷移至雲端需求的動力旺盛，由於在 AI 協助下，流程和自動化會有大幅改善。其次是微軟的 AI 產品經雲端服務的開展而一併提供，交叉銷售下 AI 產品得到客戶積極採納。

微軟表示即將全面推出下一代 H100 虛擬機器（猶如真實的電腦，虛擬機器有專屬的作業系統和應用程式，也有獨享的虛擬資源），加上 Azure AI 帶來了一流的開源模型、OpenAI 模型，以及來自 Microsoft、Meta Platforms 和 Hugging Face 等的模型，OpenAI API 又擴大了微軟領先的 AI 地位，這些勢將促成微軟 AI 服務差異化。

目前，已有超過 18000 個組織使用 Azure OpenAI 服務，在工作流程最佳化、企業雲端工作負載規劃持續增長下，人工智能的貢獻必將持續增加，微軟藉 AI 擴大雲端的領導地位，趨勢不變。

微軟對 AI 業務持續投入

微軟 2024 年的資本支出有機會比 2023 年增加 50% 以上，達到 500 億美元。顯然，這方面的投資額變得非常大，而且時間上遠遠超前收入貢獻。管理層究竟是如何量化 AI 商機。

有人將集體瘋投 AI 初創的現象，形容為對生成式 AI 的錯失恐懼症（FOMO, Fear of missing out）。有人擔心為提供 AI 服務的大量在建與計劃中的數據中心，最終可能導致供過於求。

微軟行政總裁納德拉（Satya Nadella）回應說，關於計劃中的巨額資本開支，一切都將由需求驅動。微軟一直密切跟蹤需求的情況，這是公司非常、非常密切地管理的事情。換言之，微軟的投資是因為預見到強勁需求，故有必要提前建立足夠基建設備。那麼需求從何而來？答案就在 AI 如何深切影響每一項商業流程，即落地場景是也。

納德拉以軟件工程師常用的微軟 Copilot 產品為例子，因為利用 AI 幫手寫程式效率更高，所以逐漸普及，從前視為 IT 開支，在某些公司漸漸被視為營運預算，兩者界線開始模糊。其他熱門 AI 應用，包括市場推廣與客服等，情況亦類似。所以，客戶未必因為利用 AI 服務而額外提高 IT 預算，但因有助提高營運效益，會願意從營運預算中撥出一部分去啟動 IT 專案。

按納德拉的觀察，以傳統 IT 消費的角度，考慮到企業對 AI 產品的需求不夠全面，大有被低估的可能。

還有多個效應，讓微軟在擴大 AI 事業方面得益。首先，微軟已經成功樹立金漆招牌，一想到 AI 項目，幾乎人人都會找上門與微軟商量，熟客生意不在話下，AI 在吸引新客方面，經常替公司打開客戶大門。

另外，AI 應用成為促成某些新客第一次上雲的動力，令微軟在整體雲業務方面得到諸多好處，亦往往有助提升市場份額。AI 專案一般需要其他東西配合，連帶讓微軟做更多例如數據處理工具等相關生意。綜合各點，無論單獨聚焦 AI，或者放眼雲計算服務生意的全域，這是微軟加大投入的底氣。

騰訊推進混元應用 大模型實力不俗

一直以來，關於 AI 大模型發展，美國企業予人遙遙領先的感覺，而中國企業則因美國限制芯片出口而顯得舉步維艱。然而，騰訊（0700）大模型的實力不俗，借得深入學習。勝訊 2024 開始的動作明顯密集了許多。2024 年 5 月 17 日，在騰訊雲生成式 AI 產業應用峰會上，騰訊公佈了關於混元大模型在研發、應用產品的系列進展。在此之前，騰訊剛剛全面開源自己的騰訊混元文生圖模型。

事實上，在大模型這條賽道上，廠商們角逐的激烈程度有增無減：在國內，位元組和阿里均在騰訊之前召開了大規模的發佈會，官宣自家大模型業務的系列進展；大洋彼岸，OpenAI 和谷歌正面交鋒，多模態 GPT-4o 和 Gemini 1.5 Pro 的新版本先後亮相。

這裡的行業共識是，經過一年多的發展，大模型技術不斷提高，玩家們要面對的不僅是技術上的差距，更重要的是如何更好落地，商業化覆蓋大模型高昂的訓練成本以及研發成本。

本次發佈會，勝訊正式發佈一站式 AI 智能體創作與分發平台"騰訊元器"，用戶不僅可以在平台上創建專屬 AI 智慧體，使用騰訊官方的外掛程式和知識庫，還能將這些智慧體一鍵分發到 QQ、微信客服、騰訊雲等管道上。

除了在大模型本身層面作出新動作，騰訊雲還推出了一項生成式 AI 生態計畫，涵蓋能力開放、服務開放、技術和市場支援。

未來，騰訊雲將為夥伴提供知識引擎、向量資料庫、數智人等 7 大生成式 AI 核心產品的專項測試資金，並安排 100 位元大模型架構師、產品專家、演算法專家、資料專家陪跑，助力夥伴加速在客戶場景的落地和複製。同時，設立生成式 AI 行銷加乘資金，助力夥伴開拓市場。

全球增長諮詢公司弗若斯特沙利文發佈了《2024 年中國大模型能力評測》，對中國主流的 15 個大模型進行了權威評測。文心一言取得了綜合第一，而緊隨其後的，是亮相后一直低調的騰訊混元大模型。測評結果顯示，騰訊混元在通用基礎能力和專業應用能力上均領先國內其他大模型。

文心一言、騰訊混元等排名前四的大模型，處於國內第一梯隊之餘，亦高於國際大模型均線，這條均線的設置，是以 Gemini10、GPT4、GPT3.5 和 Claude2 為基準的，可以說意味着這四家大模型具備了國際主流大模型的競爭力水平。

作為全鏈路自研的通用大語言模型，騰訊混元具備強大的中文創作能力，複雜語境下的邏輯推理能力，以及可靠的任務執行能力。

除了通用基礎能力外，在大模型落地看重的專業應用能力評測中，騰訊混元也在此次測評中排名領先。據介紹，目前騰訊內部有超過 400 個業務及場景已接入騰訊混元測試。

比如，騰訊廣告基於混元大模型推出了 AI 廣告創意平台妙思，有效提高了廣告生產及投放效率。企業微信和騰訊會議部署了生成式 AI 功能，增強了商業化效果。騰訊雲還聯合生態夥伴，將大模型技術與 20 多個行業結合，提供超 50 個行業大模型解決方案。騰訊自身豐富的業務和場景大量接入騰訊混元，也意味着大模型已經在應用端驗證了價值。

阿爾特曼投資法則

"ChatGPT之父"阿特曼（Sam Altman）出生於美國芝加哥，8歲就學會了編程，後被史丹福大學錄取，開始研究人工智能（AI）及計算機科學。2005年毅然輟學，同好友創辦社交媒體公司。阿特曼曾預測未來宇宙中，智能數量每18個月翻一番，算得上一個全新的摩爾定律的闡述。

摩爾定律是由英特爾（Intel）的共同創辦人摩爾（Gordon Moore）提出來，其內容為：當價格不變時，集成電路上可容納的晶體管數目，約每隔18個月便會增加一倍，性能亦將提升一倍。

阿特曼提出的"新摩爾定律"，背後的邏輯是隨着人工智能迅速發展，服務人類或自動創造更強大的人工智能，創新的遞進循環加速了"新摩爾定律"革命步伐。再加上背後的數據，亦同步以指數式增長，數據與智能之間所產生的網絡效應不可小覷。

事實上，資訊科技的進步，一直遵循指數曲線增長。15年前智能手機的出現；30年前互聯網的開展；50年前個人電腦的發明，不但一個比一個進步，且前者亦是後者出現的基石，今天，人工智能發展更強大，亦遵循這個發展規律。所以，我們不難想象未來十年科技發展會變成怎樣：即將到來的變化可能會顛覆着讓人類引以為傲的能力——思考、創新、理解和推理能力。

阿特曼指出了這場革命的 2 個關鍵問題：一是這場革命將創造驚人的財富轉移，強大的人工智能讓許多勞動力（包括腦力勞動）的價格降至近乎零；二是如此迅速和洶湧的變化，同樣需要敏捷、靈活及有力度的政策改革來分配這些財富。

阿爾特曼（Sam Altman）有份投資的企業（包括音速 5 倍的民航機、核融合發電、能夠幫女性衝破生育年齡限制的生物科技），乍聽都是天馬行空的計劃，但又確切地取得成功，其投資法則值得學習。

不得不提的是，現時最火熱的科技熱門發展，人工智能（AI）初創 OpenAI 開放聊天機械人 ChatGPT，共同創辦人除了馬斯克外，還有阿爾特曼，他同時是 OpenAI 的 CEO。眼見 ChatGPT 成功，微軟隨即答應加碼投資，OpenAI 前景一片光明。

看看阿爾特曼引以為傲的投資對象都有什麼：高超音速機、既細又安全並有潛力提供無窮電力的核融合反應爐、將幹細胞變成卵子等，感覺有點不切實際。他自己也曾說："我最成功的投資不是估值太貴，沒有其他人願意參與，就是想法太過離譜，一般人無法接受。"

押注遙不可及的新科技，看似瘋狂，阿爾特曼的成績卻又讓人無法不心服口服。創過業並成功出售公司，又有十多年天使投資者經驗，參與培育過幾千間初創，成功例子多的是，現時個人投資組合包括 400 間企業。

阿爾特曼提過兩個重要天使法則：第一，必須有獨立思維，"不用理會其他投資者。我犯過的頭號大錯，就是太過在意其他投資者的想法。這種錯誤思維其實非常普遍。"第二，最成功的投資，回報應該多過你所有其他投資回報的總和。失敗率不是重點，成功個案有幾成功才是決定性因素。"還有一點，項目要解決的問題，"我要感興趣。"

雖然目前阿爾特曼花最多時間打理 OpenAI，但這位科技怪傑感興趣的科技遠不止一兩種，而且多數屬於大難題的可能解答，或者技術有龐大潛在市場。正在打造大小只有傳統核反應爐千分一的 Helion Energy，屬於阿爾特曼最重本的投資，它要解決的是氣候與能源危機。

生化科技公司 Conception 研究如何將幹細胞變成卵子，目標為年過 40 歲、受孕困難的女性，以及無法生育家庭解除困擾，再利用基因技術，篩選胚胎，降低下一代患危疾的風險。

2018 年創立的 Hermeus，至今一直在開發新引擎及高超音速飛機原型，希望縮減花在飛機上的交通時間。這類新科技，普遍認為失敗機會率極高，惟對這 3 間初創，阿爾特曼都寄予厚望，因為他自信能找到各自領域中的最好人才，從而降低風險，一旦成功，回報將會非常豐厚。

這是一個不可思議的年代！適者生存，我要好好把握這時代的巨變！